T0198501

Sammlung Metzler
Band 301

Gerhart Hoffmeister

Petrarca

Verlag J.B. Metzler
Stuttgart · Weimar

Die Deutsche Bibliothek – CIP-Einheitsaufnahme

Hoffmeister, Gerhart:
Petrarca / Gerhart Hoffmeister.
– Stuttgart ; Weimar : Metzler, 1997
(Sammlung Metzler ; Bd. 301)
ISBN 978-3-476-10301-7
NE: GT

ISBN 978-3-476-10301-7
ISBN 978-3-476-03997-2 (eBook)
DOI 10.1007/978-3-476-03997-2
ISSN 0558–3667

SM 301

© 1997 Springer-Verlag GmbH Deutschland
Ursprünglich erschienen bei J.B. Metzlersche Verlagsbuchhandlung
und Carl Ernst Poeschel Verlag GmbH in Stuttgart 1997

Libri medullitus delectant, colloquuntur, consulunt
et viva quadam nobis atque arguta familiaritate iung-
untur, neque solum se se lectoribus quisque suis in-
sinuat, sed et aliorum nomen ingerit et alter alterius
desiderium facit.

(Bücher erquicken bis ins Mark, sprechen mit uns,
sind unsere Ratgeber und vereinigen sich mit uns in
lebhafter Vertrautheit; nicht nur dringt ein jedes bei
seinen Lesern ein, sondern suggeriert wieder neue
Titel; und ein Buch erweckt den Wunsch nach dem
nächsten; Petrarca, *Familiares* III, 18)

Vorbemerkung

Dieser Band geht auf den Wunsch des Verlages zurück, meine jetzt
vergriffene *Petrarkistische Lyrik* von 1973 (SM 119) durch eine Neu-
konzeption mit dem Akzent auf Petrarca selbst zu ersetzen. Dieser
Aufforderung habe ich um so lieber entsprochen, als im Deutschen
seit Hanns W. Eppelsheimer (*Petrarca*, 1926) keine Petrarca-Mono-
graphie mehr erschienen ist, und es nötig wurde, auch die Rezeptionsgeschichte Petrarcas in den wesentlichen Zügen auf den Stand
der Forschung zu bringen. (Für Detailfragen zur Ausbreitung des
Petrarkismus in Europa verweise ich auf meine frühere Studie). Hinzu kommt ein persönlicher Grund: meine Studien vor allem zu den
deutsch-romanischen Literaturbeziehungen verdanken ihre Inspiration niemand mehr als gerade Petrarca, dem Begründer der europäischen Gelehrtenrepublik.

Diese Darstellung wendet sich an alle Petrarca-Interessentinnen
und Interessenten, seien es Romanisten, Latinisten oder Germani-
sten. Da noch keine kritische Gesamtausgabe von Petrarcas Werken
vorliegt, erschwert eine oft unübersichtliche Textlage die Werkdeu-
tung. Für Berichtigungen, Ergänzungen und sonstige sachliche Hinweise danke ich daher meinen Leserinnen und Lesern im voraus.
Dank gebührt der University of California at Santa Barbara für ein
Forschungsstipendium, das es mir im Frühjahr 1995 ermöglichte,
die reichhaltigen Bibliotheksbestände des Petrarca-Instituts der Uni-
verstät Köln zu nutzen. Schließlich geht noch ein herzliches Gruß-
wort an die Kollegen der Kölner Romanistik, Artur Greive, Andreas
Kablitz und besonders Bernhard König, dessen kritischer Lektüre
des Manuskriptes ich wichtige Hinweise und Anregungen verdanke.

G.H.

Abkürzungen

A *Africa,* zitiert nach der kritischen Ausgabe von Nicola Festa, Florenz 1926.

B I, II F. Petrarca: *Opere latine,* hrsg. Antonietta Bufano, 2 Bände, Turin 1975.

BC *Bucolicum carmen,* zitiert nach Thomas G. Bergin (Hrsg.): *Petrarch's Bucolicum Carmen,* New Haven, London 1974 (Lateinisch-Englisch).

BN »Brief an die Nachwelt« (*Posteritati*), in: EP, S. 25-36.

C *Canzoniere*

cod. Kodex

D. Druck

Diss. Dissertation

EP Petrarca: *Dichtungen Briefe Schriften,* hrsg. Hanns W. Eppelsheimer (Fischer Taschenbuch Nr. 141), Frankfurt a. M. 1956.

EM *Epistolae Metricae,* in: *Opere di F. Petrarca,* hrsg. E. Bigi, Mailand, 2. Auflage 1964.

F *Familiari;* auch: *Epistolae familiares* oder *Familiares,* zitiert nach *Opere,* introduzione per Mario Martelli, Florenz 1975 (Sansoni Editore).

G. Benno Geiger (Übers.): F. Petrarca, *Das lyrische Werk,* Darmstadt, Berlin etc. 1958.

IMU *Italia mediovale e umanistica*

Ms. Manuskript

S *Seniles,* zitiert nach *Epistole,* hrsg. Ugo Dotti, Turin 1978.

s. siehe

SM Sammlung Metzler

T *Trionfi,* zitiert nach *Opere,* introduzione per Mario Martelli, Florenz 1975.

V *Variae,* zitiert nach *Epistolae de rebus familiaribus et Variae,* hrsg. Joseph Fracassetti, 3 Bände, Florenz 1863.

vat. Vatikan

Z. Zeile

Inhalt

I. Leben

1. Geburt und Kindheit (1304-1316)

Petrarca wurde am 20. Juli 1304 geboren, »von achtbaren Eltern, Florentinern, die in mittelmäßigen, offen gestanden fast
ärmlichen Vermögensverhältnissen lebten und aus der Heimat
verbannt waren, zu Arezzo...« (BN, S. 25-26), also »im Exil
geboren und gezeugt« (F I, 1). Der Vater hieß Pietro Petracco,
war Notar aus dem Kleinbürgertum und schon seit 1302 aus
Florenz ausgewiesen, im gleichen Jahr wie Dante und, wie Petrarca glaubte oder es wahrhaben wollte, auch aus dem gleichen Grunde, weil er nämlich zur unterlegenen politischen
Partei der weißen Guelfen gehörte: Offenbar hatte sich Pietro
aber die persönliche Feindschaft eines Politikers zugezogen (s.
Bosco 1965, S. 273). Jedenfalls führte Petrarca bis ins siebte
Lebensjahr ein unruhiges Dasein in der Toskana (»Finis tusci
erroris«, F I, 1), bis die Familie von Pisa aus an den päpstlichen Hof von Avignon aufbrach und sich in der unmittelba-
ren Umgebung, in Carpentras, ansiedelte (1312-1316).

In dieser kleinen Provence-Stadt erhielt Petrarca zusammen
mit seinem Bruder Gerardo Grammatik- und Rhetorik-Unter-
richt in der Schule von Convenevole da Prato, der seine Liebe
zu »Cicero meus« erweckte (S X, 2).

2. Studium (1316-1326)

Mit kurzen Unterbrechungen verbrachten die Brüder die
nächsten zehn Jahre auf den Universitäten von Montpellier
(1316-1320) und Bologna (1320-1326); statt aber dem
Wunsch des Vaters gemäß ausschließlich Jura zu studieren,
schaffte sich Francesco einige Werke klassischer Autoren an,
die der Vater anläßlich eines Besuches in Montpellier ins Feuer warf:

»Bei diesem Schauspiel jammerte ich nicht anders, als ob ich selbst mit in die Flammen geworfen würde. Da aber (...) sah mein Vater mich an und bemerkte meine Trauer, riß plötzlich zwei Bände (...) wieder heraus, hielt in der Rechten den Vergil, in der Linken Ciceros Rhetorik und reichte sie lächelnd mir, der ich Tränen vergoß. ›Behalte dies‹, sagte er, ›zu seltener Tröstung des Gemüts, und dies zum Werkzeug bei deinen juristischen Studien.‹«(an Luca de Penna, 27. April 1374, EP, S. 168).

Das erste erhaltene Gedicht, eine lateinische Elegie auf den Tod der Mutter, entstand damals (1318-19); in Bologna soll er die ersten italienischen Verse verfaßt haben. Wichtig ist, daß Petrarca 1325 ein Exemplar von Augustins *De civitate Dei* kaufte. Von da an sollte Augustin sein ständiger Ratgeber sein. Als sein Vater starb, gab er die inzwischen weit vorangetriebenen Jurastudien in Bologna auf, u. a., weil er die Rechtspraxis haßte: »nichil enim contra naturam bene fit« (gegen die Natur anzugehen tut nicht gut, F IV, 16; 1349). Er wollte zudem »nicht etwas erlernen, das [er] ...nicht unehrlich gebrauchen wollte und ehrlich nicht gebrauchen konnte.« (BN, S. 29).

3. Die Provence, Zentrum seiner Tätigkeit 1330-1353

3.1 Avignon und Vaucluse (1326-1341)

Im Alter von 27 Jahren kehrte Petrarca nach Hause zurück, d. h. »nach Avignon ins Exil« (ebd., S. 29) und begann dort zusammen mit Gerardo ein ausschweifendes Leben mondäner junger Männer. Ihr väterliches Erbe war schnell verpraßt (F X, 3). Aber durch seine italienischen Liebeslieder öffneten sich Francesco doch überall Tür und Tor (Bosco 1965, S. 274). Zwei sein zukünftiges Leben weitgehend bestimmende Begegnungen fallen in diese Jahre, zuerst die mit Laura am Karfreitag 1327 in der Kirche von Sainte Claire (s. Sonett C 3: »Era il giorno«) und dann die mit Giovanni Colonna. Laura (de Noves?) war nach einer schon im 18. Jahrhundert von Jacques François P. A. de Sade, Onkel des berühmten Marquis, verbreiteten These (*Mémoires pour la vie de F. Pétrarque*, Amsterdam 1764-67) die Frau von Ugo de Sade (Heirat 1325) und hatte elf Kinder. Ob sie nun tatsächlich gelebt hat oder bloße Fiktion war, tut nichts zur Sache, von nun an galt Laura ein großer Teil seines Werkes (s. u. S. 90f.).

Um seiner wirtschaftlichen Zwangslage zu entgehen, nahm Petrarca die niederen Weihen (s. Wilkins, 1955, S. 3), eine typische Entscheidung für junge Leute, die damals sozial aufsteigen wollten. Im Laufe eines Jahrzehntes sollte es ihm gelingen, so viele Privilegien für sich zu gewinnen, daß er sein Leben fast ganz den Wissenschaften und der Dichtung widmen konnte (s. Amaturo, 1974, S. 16). Petrarca war damals schon weithin bekannt und wurde auch »aufgesucht von der berühmten und erlauchten Familie der Colonna« (BN, S. 29). Giacomo Colonna, Studienkollege aus Bologna, jetzt Bischof von Lombez, lud ihn zu einem gemeinsamen Sommer in den Pyrenäen ein, wo er zwei seiner wichtigsten Freunde gewann, die sich zeitlebens gegenseitig besuchen und in Briefkontakt bleiben sollten: den römischen Adligen ›Laelius‹, d. i. Lello di Pietro Stefano dei Tosetti und den flämischen Musiker ›Socrates‹, d. i. Ludwig van Kempen. Beide Freunde starben 1361, Laelius in einem Aufruhr des Pöbels in Rom, Socrates an der Pest. Giacomos Bruder, Kardinal Giovanni, nahm Petrarca ab 1330 als Kaplan an seinen Hof und verschaffte ihm damit die erste Kirchenposition mit nur geringen Pflichten (s. Petrarcas Würdigung des Kardinals in F VII, 13). In den nächsten sieben Jahren unternahm Petrarca mehrere Reisen aus dem »Wunsch und Eifer, vieles zu sehen« (BN, S. 30). Er reiste über Paris nach Gent, Lüttich (wo er zwei Cicero-Manuskripte entdeckte), Aachen und Köln (1333) und außerdem zum erstenmal nach Rom (1336 bei Stefano, dem Vater der Colonnas). In die Avignon-Jahre fällt die berühmte, heute gelegentlich angezweifelte Besteigung des Mont Ventoux mit Gerardo (1336, s. u. S. 41f.), die Übernahme einer Kirchenpfründe (Domherr von Lombez) und die Bekanntschaft mit Augustins *Confessiones* (397-398), die ihn in einen Konflikt zwischen weltlichem Leben und erotischer Dichtung führten. Trotzdem stellte er seine ersten italienischen Gedichte zwischen 1336 und 1337 zusammen, von denen eine größere Zahl später in den *Canzoniere* eingingen. Neben Augustin rückte sein philologisches Interesse an einer wissenschaftlichen Ausgabe von Livius' *Ab urbe condita libri*, Beginn neuzeitlicher Philologie (s. u. S. 16)

»Von hier nach Avignon zurückgekehrt, konnte ich den Überdruß und Haß, der sich gegen alles, besonders aber gegen diese mir so widerwärtige Stadt in meiner Seele erhob, nicht länger ertragen und suchte mir deshalb einen Zufluchtsort, eine Art von Hafen und fand ihn in dem sehr kleinen, einsamen und lieblichen Tal, Vaucluse genannt, 15000 Schritt von Avignon entfernt, wo die Königin aller Bäche, die Sorgue, entspringt. Von der Schönheit des Ortes eingenommen, zog ich mich mit meinen Büchern dorthin zurück. Meine Geschichte würde lange werden, wollte ich fortfahren zu erzählen, was ich dort so viele, viele Jahre hindurch getrieben. Die Summe davon ist, daß alle Werke, die ich verfaßt habe, hier entweder entworfen oder vollendet wurden, alle die vielen Werke, die mich noch jetzt in diesem meinem Alter beschäftigen und ermüden.« (BN, S. 30)

Darunter sind *De viris illustribus* (ab 1337) und *Africa* (1337/ 38; über Vaucluse als literarische Produktionsstätte s. F VIII, 3). Obwohl geistlichen Standes, wurde ihm auch ein Sohn namens Giovanni geboren sowie später noch eine Tochter Francesca, die ihm im Alter mit ihrer Familie zur Seite stehen sollte. Die Mutter der Kinder ist unbekannt.

3.2 Dichterlorbeer (1341)

An einem Septembertage des Jahres 1340 erhielt Petrarca gleich zwei Einladungen zur Dichterkrönung – in je einem Brief vom römischen Senat und der Universität Paris (s. Briefe in F IV, 3-4). Er entschied sich für Rom und brach im Februar 1341 nach Neapel auf, wo ihn König Robert der Weise einer dreitägigen Prüfung unterzog (ein literarisches Porträt Roberts I. befindet sich in *Rerum memorandarum libri*, Prose, S. 276-282). Der Lorbeer wurde ihm auf dem Campidoglio am 8. April 1341 »unter dem großen Jubel der Römer« überreicht; »trotz meiner Unwürdigkeit« (BN, S. 33) – er hatte noch keines seiner Werke vollendet – wurde Petrarca so zum berühmtesten Dichter seiner Zeit und seine Krönung zum

Symbol der Wiedergeburt antiker Traditionen. Aufgrund der erhaltenen Korrespondenz zur Zeit der Krönung kommt Alfred Karnein zu dem überzeugenden Schluß, daß die Preisverleihung politisch motiviert war und Petrarca sich selbst zum »Wunschkandidaten inszeniert« hatte (1988, S. 160).

Auf der Rückreise hielt er sich in Parma auf, wo er in der Einsamkeit von Selvapiana an dem *Africa*-Epos weiterdichtete. Von jetzt ab bewegt sich sein Leben immer wieder zwischen zwei Polen: Orten schöpferischer Einkehr für den Dichter-Gelehrten und der Tätigkeit im Dienste seiner Mäzene. Während Gerardo ins Kloster eintrat, lieferte Petrarca eine Eigendiagnose seiner Unstetigkeit, die sich auch in seinen vielfach Fragment gebliebenen Werken spiegelt: er tue es, »um nach Art der Kranken durch Ortsveränderung den Lebensüberdruß zu heilen.« (BN, S. 34). So verbrachte er zwar zwischen 1342 und 1352 wiederholt einige Zeit in Vaucluse (1342-43; 45-47; 51-52), aber unterbrochen von Reisen als Humanist und Diplomat nach Neapel, Parma, Verona, Florenz, Padua, Mantua und Rom im Auftrag des Kardinals Colonna, des Papstes und der Fürsten, an deren Höfen er lebte. Bei seinen Studien entdeckte er in Verona die Briefe Ciceros *Ad Atticu*m (1345), und in Florenz erhielt er ein Exemplar von Quintilians *Institutio oratoria*. Zwei wichtige Begegnungen fallen in dies Jahrzehnt: die Bekanntschaft mit Cola di Rienzo und Boccaccio. Petrarca traf Rienzo, eigentlich Nicolà di Lorenzo, 1343 als Gesandten der römischen Volkspartei in Avignon, bevor er Volkstribun in Rom wurde. Dem zehn Jahre jüngeren Boccaccio begegnete er 1350 in Florenz, woraus sich eine lebenslange Freundschaft entwickeln sollte; Boccaccio überbrachte ihm ein Jahr später das Angebot einer Professur in Florenz, das Petrarca jedoch ablehnte; außerdem besuchte er Petrarca oft monatelang in Mailand (1359), Venedig (1363) und Padua (1368). Noch 1373 erhielt Petrarca von ihm ein Exemplar des *Decameron*.

Neben der Nachricht von der Verbannung Cola di Rienzos aus Rom erschütterte Petrarca die Pest, der einige seiner besten Freunde (Giovanni Colonna; Paganino, Stadthauptmann von Parma, über letzteren s. F VIII, 8) und Laura zum Opfer fielen (6. April 1348). Verschiedene Werke seiner Reifejahre gediehen inzwischen weiter: *Secretum* (ab 1342), *De vita solitaria* und *Bucolicum carmen* (1346), *De otio religioso* (1347), *Trionfi* (ab 1352). Der *Canzoniere* nahm erste Form an (1342). Briefsammlungen wie z. B. *Familiares* (ab 1349 ?), *Sine nomine* (ab 1342) und Polemiken entstanden, z. B. *Invective contra medicum* (ab 1352).

4. Norditalienischer Aufenthalt (1353-1374)

Mit 49 kehrte Petrarca endgültig aus der Provence nach Italien zurück, »tellus sanctissima« (heiligste Erde, EM III, 24) und ging in den Dienst der Visconti-Dynastie von Mailand, der lombardischen Adelsfamilie, die seit dem 13. Jahrhundert dort das Erzbischofsamt ausübte, 1395 die Herzogswürde erwarb und zeitlang fast ganz Oberitalien beherrschte. Petrarcas Freunde waren entsetzt und griffen ihn als Fürstendiener an. Was er aber dafür eintauschte, war der Schutz des mächtigsten italienische Fürsten, der Ruhm, am Rande einer großen politischen Bühne mitzuspielen und die Freiheit, ohne Amtsgeschäfte in der Einsamkeit seines Hauses zu forschen, zu lesen und zu schreiben. Resigniert bekannte er: »Vera autem libertas ac perfecta, dum in hoc exilio degimus (...) nulla est.« (die wahre und perfekte Freiheit gibt es nicht, solange wir in diesem Exil leben, *Invectiva contra eum qui maledixit Italie*, B II, 1244).

Diese Mußeperioden wurden von feierlichen Gesandtschaftsreisen unterbrochen, die ihn als Botschafter der Visconti nach Basel, Prag (Kaiser Karl IV., 1356) und nach Venedig führten, wo er helfen sollte, den Streit italienischer Stadtstaaten beizulegen (1353-54; 1358; s. Petrarcas Brief an den Dogen F XI, 8), sowie nach Paris, um dem König Jean le Bon von Frankreich zu seiner Befreiung aus englischer Gefangenschaft zu gratulieren (1360-61).

In seiner Mußezeit arbeitete er weiter an den *Familiares*, an *Sine nomine*, *Trionfi* und entwarf die Erstfassung von *De remediis* (»Sorgenspiegel«, ab 1353); er stellte eine zweite polemische Schrift fertig: *Invectiva contra quendam magni status hominem* (ab 1355). 1361 gab er den achtjährigen Dienst bei den Visconti auf und lebte, nach einem erneuten Ausbruch der Pest (Tod seines Sohnes) zeitweise in Padua bei dem Fürsten Francesco da Carrara, danach in Venedig und Pavia, bis er sich schließlich 1368 nach Arquà zurückzog. Sein Sekretär Giovanni Malpaghini hatte schon vorher eine Reinschrift der *Familiares* abgeschlossen und die fünfte Fassung des *Canzoniere* fertiggestellt, die sogenannte »copia di Giovanni« (1366). *De sui ipsius et multorum ignorantia* entstand noch in Pavia (Erstfassung 1367). Im selben Jahr las er Homer auf Latein, da es mit seinen Griechischstudien nicht weit gediehen war. Sein Testament (1370) und *Posteritati* (»Brief an die Nachwelt«, 1370), *De gestis Caesaris* (eine Biographie zu *De viris illustribus*), die lateinische Übersetzung der *Griselda* von Boccaccio sowie die letzte und neunte Fassung des *Canzoniere* entstanden damals. Petrarca soll nach einer alten Überlieferung über seinen Büchern eingeschlafen sein.

II. Paradigmen humanistischer Lebensführung

1. Leben als Kunstwerk

Es besteht kein Zweifel, daß Petrarca alles unternommen hat, seine Werke als Zeugnisse seines Lebens, ja als unauflösliche Einheit von Leben und Werk auszugeben. Das geht aus vielen minutiösen Erläuterungen zur Entstehungsgeschichte seiner Schriften hervor. Mit einer abgewandelten Formel der deutschen Romantik könnte man sagen, er habe seine Bücher zu seinem Leben, sein Leben zum Buch bzw. zum Roman gemacht. Er hat mit großem Erfolg sein Leben in »ein Werk *neben* seinen Büchern« (Eppelsheimer, 1926, S.163) verwandelt bzw. es bewußt zu einem Kunstwerk geformt. Gelegentlich gibt er zu, seinen Lebensgang habe zum Teil sein eigener Wille gestaltet (BN, S. 28). Darüber hinaus verweist er selber in mehreren Briefen auf sein Leben als »fabula« (F XIX,3; S XII, 1), wohinter der Erfindungsgeist des Dichters tätig sei (»fingere«, S XII, 2), d. h. er konstruierte sein vergangenes Leben um, damit die Zufälle mehr Sinn ergäben und vor allem ein positives Bild von ihm überliefert würde (s. zur Literatur: Mann,1984, »The Life as Work of Art«, S. 87 f.; Bosco, 1965, S.113 und S. 275: »costruisce la sua vita«).

Wie bereits gesehen verknüpfte Petrarca die Verbannung seines Vaters aus Florenz mit Dantes Schicksal; zweifellos hat er auch die wichtigsten Lebensdaten retuschiert, da sowohl die erste Begegnung mit Laura und ihr Tod, die Inspiration für das *Africa*-Epos als auch die Dichterkrönung auf Karfreitag bzw. Ostern fallen, damit sie mit dem Jahr des Herrn korrespondierten.

Gleichzeitig kann man mit Aldo Scaglione feststellen, daß er sein Handeln und Schreiben vielfach nach antiken Vorbildern ausrichtete (1975, S. 16). So fragt es sich, ob er sein Leben nicht bewußt nach der antiken Literatur gestaltete, wenn er seinen Wohnsitz dauernd wechselte (Seneca als Vorbild), wenn er wie Vergil seine literarischen Erben bestimmte und wie Cicero seinen Sohn schlecht behandelte (s. Bosco, 1965, S. 113) und sich an Fürstenhöfe anschloß (s. Ciceros »amicitia principum«, F III, 18).

Wie sich an diesen Beispielen zeigt, gehen in Petrarcas literarischem Lebensentwurf schon früh Dichtung und Wahrheit, aber auch Religiösität und Humanismus eine untrennbare Synthese ein.

Auch seinen Hauptwerken liegt meist eine berühmte antike Vorlage zugrunde. Hier sei an seine fingierten Briefe an Seneca oder Vergil in den *Familiares* erinnert, und zwar nach dem Muster von Ciceros Briefen an Varro, insbesondere an IV, 1, die Besteigung des Mont Ventoux (dazu s. u. Kap. III, 1, 2, 2). Auf eine Formel gebracht: bei Petrarca entstand sowohl Leben als auch Literatur aus Literatur, weil sie die entscheidende Richtschnur für ihn war.

Warum diese dezidierte Ausrichtung seines Lebens an der Literatur, dieser große Stilisierungswille? Man könnte simplifizierend sagen, weil Petrarca im wirklichen Leben nicht als Tugendvorbild gelten konnte: es »scheint festzustehen, daß Petrarca ein undankbarer Sohn und pflichtvergessener Vater, ein selbstischer Liebhaber und unverläßlicher Freund, ein Fürstendiener und Pfründenjäger gewesen« ist (Eppelsheimer, 1926, S.163). Aber es ging ihm um viel mehr: Er wollte sich nicht nur durch Ruhm und Bewunderung von der Volksmenge abheben – das war nur durch die Literatur als Wirkungsfeld der frühhumanistischen Elite zu erreichen – , sondern auch die Antike wieder in ihre Würde einsetzen und für seine Zeit zugänglich machen. Das hatte bereits der Humanist Leonardo Bruni kurz nach 1400 so verstanden, als er meinte: »Hic vir studia humanitatis (...) reparavit.« (Dieser Mann hat die humanistischen Studien wiederhergestellt, Garin, 1952, S. 44).

Für die Forschung ergibt sich aus dem Gesagten die Frage, inwieweit man Petrarcas Lebensentwurf mit seinen detaillierten Kommentaren Glauben schenken kann. Wilkins hat z. B. Petrarcas Werk als Zeugnis für die Rekonstruktion seines Lebens benutzt (1961), während es Bosco bezweifelt hat, daß man überhaupt eine Petrarca-Biographie schreiben könne, da es sowohl an einer klaren Entwicklungslinie mangele als auch ständige Fassungsänderungen seiner Werke gäbe, von denen eine kritische Gesamtausgabe noch aussteht, so daß man sich nicht auf einzelne Textaussagen verlassen kann (s. Bosco,1946, hier 1965, S. 7). Z. B. behauptete Petrarca 1360, daß er sich von nun an von Cicero und Vergil ab – und christlichen Sängern und Schriftstellern wie Paulus, David und Augustin zuwenden wolle (F XXII, 10). Wilkins sah diese Aussage als Wendepunkt an (1958, S. 212), jedoch haben die Forschungen von Billanovich (*Nella Biblioteca del Petrarca,* 1960), Rico (*Vida u obra de Petrarca,* 1974) und Ullman (*Studies in the Italian Renaissance,* 1955) schon bei dem jungen Petrarca ein frühes Interesse an der Bibel, den Kirchenvätern und insbesondere Augustin nachgewiesen. Petrarca hat selbst in *De otio religioso* auf sein frühes Studium der heiligen Schriften aufmerksam gemacht (»in libris sacris ab adolescentia potuit evenire«, er habe sich seit seiner Jugend mit den heiligen Schriften beschäftigt, BI, 802). Immer wieder hat er auch ähnliche ›Wendungen‹ von der römischen Antike zum christlichen Humanismus vollzogen, so in der Krisenzeit der vierziger Jahre (*Secretum* und *De vita solitaria)* von den griechischen Philosophen Aristoteles und Plato wieder zu den römischen Moralisten Cicero, Seneca, Horaz (*De sui ipsius,* 1367), von der italienischen zur lateinischen Dichtung und schließlich überhaupt weg von jeglicher Dichtung zur Religion (s. *Prose,* S. 7 und 679) wie noch Manzoni im 19. Jahrhundert, eine Entscheidung, die bereits im Gespräch mit Augustinus (*Secretum*) anstand. Derartige ›Entscheidungen‹ Petrarcas sind mit Vorsicht zu genießen, weil es ihm bei allem Bewußtsein der Eitelkeit aller irdischen Dinge vor allem darum ging, sich selber vor der Mit- und Nachwelt ins beste Licht zu rücken.

In Wirklichkeit hat er z. B. weder seinen geliebten Cicero je aufgegeben noch die lebenslange Revisionsarbeit am *Canzoniere* und den *Trionfi* eingestellt. Was feststeht, ist dies: hinter Petrarcas Porträt verbirgt sich sicher keine Seelengeschichte im modern-psychologischen Sinne, wie sie noch Luigi Tonelli in seinem Petrarca-Buch von 1930 vorgelegt hatte (»formazione spirituale«, »crisi«, »vittoria del misticismo«, »equilibrio«), sondern eher ein Mosaik wiederkehrender und widerstreitender

Tendenzen. Mit Bosco zu sprechen, erfuhr Petrarca keine Entwicklung, er blieb von Anfang bis Ende unbeweglich in seiner Perplexität stecken: »Egli è senza storia, se lo si considera, come si deve, nel concreto di tutta l'opera sua« (er ist ohne Geschichte, wenn man ihn gebührend im Kontext seines Gesamtwerkes betrachtet, 1965, S. 10). Anders ausgedrückt: Petrarca stand an der Schwelle zur frühen Neuzeit wie der Protagonist eines Shakespeare-Dramas im ständigen Kampf zwischen den Verlockungen dieser Welt (Liebe, Ruhm, Reichtum) und der Erkenntnis ihrer Eitelkeit angesichts der göttlichen Wahrheit und ihrer Glaubensforderung. Aus dem Zwiespalt von irdischer und himmlischer Liebe, Wünschen des Körpers und Sehnsüchten der Seele (s. F II, 9), gefoltert und deprimiert von der Unmöglichkeit, daraus zu entkommen, suchte er immer wieder aus seinen Konflikten und »de miseriis seculi« (dem Elend der Welt, F X, 3) eine Zuflucht in der Einsamkeit des Landlebens zu finden, wo er den ihn zerreißenden Zwiespalt (F II, 9) zumindest im Wort des Dichtergelehrten vorübergehend heilen konnte, aber nie völlig zu überwinden verstand.(Man denke an das *Secretum* und die Rahmensonette des *Canzoniere* C 1 und 365). Paul Piur faßte die inneren Widersprüche von Petrarcas Dichterleben noch etwas vorläufig so zusammen, weil »die intimeren Fragen seines Innenlebens« erst auf der festen Grundlage einer kritischen Gesamtausgabe zu entscheiden seien:

»daß der Sänger der keuschen Lauralieder eine nicht unbewegte Jugend genossen, daß der grimme Strafrichter Avignons von den Früchten dieser vielgeschmähten Tafel ausgiebig genascht, daß der Lobredner der Einsamkeit die Hälfte seines Lebens an rauschenden Fürstenhöfen zugebracht, daß der leidenschaftliche Schwärmer für den Glanz der ewigen Roma dieselbe Rom doch hartnäckig als Wohnsitz abgelehnt hat« (1925, S. 133; zum Seelenkonflikt Petrarcas s. Whitfield,1943, S. 52-73).

Es ist jedoch verfehlt, dies widersprüchliche Bild Petrarcas zu verabsolutieren. Eindeutig ergeben sich z. B. aus Hans Barons Studie zu »Petrarcas geistiger Entwicklung« (1962, übersetzt 1976) deutlich abgehobene Phasen seiner geistigen Entwicklung, denen es nicht an innerer Konsequenz fehlt: Auf eine klassizistische, dem alten Rom gewidmeten Studienzeit folgte danach die im *Secretum* gespiegelte religiöse Krise der vierziger Jahre, aus der eine geistig-politische ›Wende‹ oder zumindest Horizonterweiterung hervorging (s. *De viris),* die zu einer verstärkten Wiederaufnahme bereits in der Jugend vertretener Ideen führte (Baron, 1976, S. 418-423). Bei allen sich widerstreitenden und auch nie völlig zur Aussöhnung gelangten Tendenzen in Petrarcas Leben darf man auch nicht die literarische Entwicklung seiner Werke und seiner Dichtersprache vergessen, die u. a. von Contini (1951) und Noferi (1962) nachgewiesen worden ist. Schon 1949 hatte Guido Martellotti das Bild einer Entwicklungsgeraden zu Recht durch das einer Spiralform ersetzt (»curve concentriche di continui ritorni«, 1983, S. 314).

2. Beruf

Petrarca hatte weder einen festen Wohnsitz noch einen festen Beruf im Sinne des mittelalterlichen »Berufsmechanismus«. Nach Eppelsheimer verwirklichte er »zum erstenmal überzeugend das Ideal des daraus befreiten Menschen, das *berufslose,* nur sich selbst verpflichtete und nur der eigenen Entfaltung dienende neue Dasein« (1926, S. 167), und dies in der spezifischen Form des *homo litteratus,* der sich durch »unermüdliche Schreiberei« einen »unbestrittenen Platz im Gefüge der Gesellschaft« sicherte (Eppelsheimer, 1970, I, 266; über Petrarca als »il primo letterato« s. auch Tonelli, 1930, S. 357-58). So ist es nicht verwunderlich, daß Petrarca selber in Parma (ab 1347) als Beruf »Gärtner« angab (Nolhac 1907: »Pétrarque Jardinier«, Band II, S. 259-269) und in Leben und Schrift immer wieder seinen Horror vor Amt und Beruf zum Ausdruck brachte. Die von ihm früh eingeschlagene geistliche Laufbahn (Ordensbeitritt) gab ihm genug Freiheit für andere Tätigkeiten, da er kein Priester geworden war und doch als Domherr (Lombez 1334, Pisa 1342, Padua 1349) und Erzdiakon (Parma 1348) ein festes Einkommen aus den Kirchenpfründen bezog, ohne dort anwesend sein zu müssen.

Der Petrarca an den »Idibus Aprilis 1341 in Capitolio Romano« (13. April, F IV, 8) – unter rhetorischer Stilisierung des Datums – überreichte Dichterlorbeer zeigt genau, worauf es ihm ankam und worauf er seit Jahren hingearbeitet hatte: der berühmteste Dichter seit der Antike zu werden, ja wenn möglich, seine Vorgänger noch zu übertreffen; gelehrtes Dichtertum als Beruf (»officium et professio«, *Collatio Laureationis*, # 9), das war seine Lebensaufgabe, weshalb die Krönung zum wichtigsten Tag seiner Dichterlaufbahn wurde. Die Rede , die er in Rom hielt, *Collatio Laureationis* beschreibt die Vorgeschichte des Ereignisses und in häufigem Bezug auf die Antike die Aufgaben, Probleme, Funktionen und die Belohnung des Dichters. Danach verleiht der Dichter sich selbst und seinen Zeitgenossen Nachruhm im Kampf gegen die Vergänglichkeit, indem er wirkliche Ereignisse bzw. Personen in Fiktion verwandelt (# 9). Ähnlich heißt es in C104: »'l nostro studio è quello / che fa per fama gli uomini immortali« (in: »L'aspectata vertù«: »doch wahrem Ruhm zum Lohne / macht nur das Lied unsterblich große Leute«, Geiger, S. 170). Die edelste aller Künste, die Poesie, garantierte Petrarca die Ebenbürtigkeit des gekrönten Dichters gegenüber dem Fürsten (»laurus convenire cesaribus et poetis«, der Lorbeer gebühre sowohl Kaisern als Dichtern, B II, 1278).

Schreiben war sein Lebenselixier: »Wenn ich zu schreiben aufhöre, höre ich auf zu leben«(F I, 1). »Mir verlangt es zu schreiben und ich weiß nicht worüber und an wen (...) durchwachte Nächte sind mir angenehmer als Ruhe und Schlaf. Ich leide immer und ermatte, wenn ich nicht schreibe« (F XIII, 7). Petrarca schrieb stehend und Schiff fahrend, er las und diktierte beim Essen, Reiten und sogar beim Frisör (F XXI, 12), zum Teil aus Vergnügen und um aus der Gegenwart ins Altertum zu entkommen (F VI, 4; S XVII, 2), aber auch, weil er nicht anders konnte. Schreiben war eben auch eine Last (S II, 3), eine unheilbare Krankheit (»contagiosus morbus«, F XIII, 7), jedoch unter allen Krankheiten seiner Seele die einzige, die ihn paradoxerweise auch heilen konnte und allen nützte (ebd.). Da er nicht alles allein schaffen konnte, hatte er nach der Pest von 1348 bis zu sechs Sekretäre und Kopisten angestellt.

Zum Schreiben gesellte sich das Studium der antiken Werke, denn darauf basierte für ihn alle Kultur (an Boccaccio, S XVII, 2), an der es ihm in seiner Zeit so sehr zu mangeln schien. Am liebsten hätte er deshalb in einem anderen Zeitalter gelebt.

In der Nachfolge der antiken Dichter Cicero, Vergil, Horaz und von Philosophen wie Plato und Seneca gelang es Petrarca, »erste Grundmuster der humanistischen Lebensformen« (Buck, 1991, S. 91) exemplarisch vorzuleben; dies betrifft u. a. seine Bücherwelt, seinen Lebensstil, seine internationalen Beziehungen, seine Gegner und Mäzene.

Um seine unersättliche Gier nach Büchern zu befriedigen (»inexplebilis cupiditas«, F III, 18), setzte er alle Hebel in Bewegung. Er ließ u. a. seine Freunde und Bekannten in ganz Westeuropa nach Manuskripten suchen: »in Britanniam Galliasque et Hispanias« (ebd.; s. auch XIII, 7). Ein Buch führt zum nächsten, sie sind seine besten Freunde, wertvoller als Gold und Edelsteine, weil sie letztlich zur Selbsterkenntnis und moralischen Besserung veranlassen (s. EM I, 6; F I, 3). Als sein Vorbild konnte er auf Ciceros »ardor ad inquirendos libros« (Ciceros Büchergier, F III, 18) verweisen; mit Cicero verband ihn von früh auf eine besondere Affinität, die sich noch verstärkte nach dem Fund zweier Reden Ciceros in Lüttich (u. a. *Pro Archia*) und seiner *Epistolae ad Atticum* in Verona (1345).

Petrarca liebte Cicero seit seiner Schulzeit über alles. Mit seinem Scharfsinn, seiner Redegabe, seiner Morallehre, Poetik und Historik verkörperte er ihm die Blüte der römischen Literatur in ihrer Vielseitigkeit. Wie Cicero alle literarischen Studien bei den Römern förderte (s. Petracas Seneca-Zitat in F XVIII, 14), so verdankte Petrarca auch Cicero seine Inspiration zum Schreiben (»scribendi facultatem«, F XXIV, 4). Außerdem war Cicero sein Vermittler Platos, den er seinen Gott genannt hatte (F XXIV, 2), wie Petrarca seinerseits auch bei Augustin immer wieder auf Ciceros und Platos Gedankengut stieß. Mit Cicero unterhielt sich Petrarca im Geiste über die Zeiten hinweg, mit ihm verbrachte er seine schönsten Tage in Vaucluse (s. F XII, 8), an ihn adressierte er seine ersten fiktiven Briefe. Diese Hochschätzung Ciceros hielt Petrarca jedoch nicht davon ab, Cicero für seinen »miserablen Luposus« (F XXIV, 3) zu kritisieren, d. h. für die Kluft zwischen seiner Morallehre und einem Leben nutzloser Streitigkeiten, gravierender Parteilichkeit und unbeständiger Freundschaften (ebd.; vgl. F XXIV, 4). Die grundsätzliche Übereinstimmung zwischen Cicero, den Kirchenvätern (Augustin) und sich selbst ging denn auch nur bis zu dem Punkt, wo Petrarca in Cicero einen Apostel Christi zu sehen meinte, der in vorchristlicher Zeit den Sprung in den Glauben noch nicht hatte machen können (*De sui ipsius*, B II, 1070; über Cicero und Petrarca s. auch Eppelsheimer, 1926, S. 65-67).

Näher an den wahren Gott sei dagegen Plato in seiner Philosophie vom Guten und Schönen gelangt (F XVII, 1; vgl. auch *De sui ipsius*, s. u. Kap. III, 1, 3, 3). Von Platos Werken besaß Petrarca viele griechische Manuskripte und lateinische Übersetzungen (u. a. *Timaios*), er konnte aber weder ihn noch Homer auf Griechisch lesen. Zwar hatte er schon in Avignon versucht, Griechisch zu lernen (ab 1342), aber ohne viel Erfolg, da sein Lehrer bald starb. Homer und Plato las er auf Latein (F XXIV, 12).

Die Forschung hat behauptet, das Buch ersetze im allgemeinen die Lebenserfahrung der Humanisten (Buck, 1991, S. 91), aber was Petrarca bei den antiken Autoren suchte, war gerade der seiner Zeit mangelnde »Praxisvollzug« (experientia, s. Kessler 1978, S. 114: »Das Beispiel der Antike als Erfahrung und Legitimation eines neuen Praxisverständnisses«). Dieser mußte ihm durch historische Handlungsmodelle vermittelt werden. Es scheint nur auf den ersten Blick so, als ob Petrarca zurück zu den Quellen ging, um aus seiner Welt und Zeit zu entfliehen; in Wirklichkeit ging es ihm ganz wesentlich darum, die antiken Vorbilder ganz in sein Leben aufzunehmen und sie für seine Epoche wirksam zu machen: »Selbst sein Rückzug in die Einsamkeit von Vaucluse ist nicht Resignation in die Beschaulichkeit, sondern Aufbruch zu neuen Werken, die ihn gestaltend auf die Gegenwart wirken lassen« (Kessler, 1978, S. 114). Wie sehr die Antike Teil seiner geistigen Welt geworden war, geht zudem aus den *Familiares* (F XXII, 2) hervor, wo er zugibt, daß Vergil und Cicero so sehr Wurzeln in ihm geschlagen hätten (»in intima animi parte radicibus«), daß er sie für seinesgleichen halten könne (»pro meis habuerim«, BI, 1139-40).

Bester Beweis dafür sind seine Briefe an Cicero (F XXIV, 3; 4), Seneca, Vergil, Homer etc. und das »Gespräch über die Weltverachtung« (*Secretum*) mit Augustin. Über die Zeiten hinweg führte Petrarca so ein »hohes Geistergespräch«, Brogsitter, 1955), eine vorbildliche Lebensgemeinschaft mit den Alten (s. auch F XII, 8), die Vaucluse in sein eigenes Rom und Athen verwandelte (»hic michi Romam, hic Athenas, hic patriam ipsam mente constituo«, hier begründe ich mir Rom, hier Athen, hier selbst das Vaterland im Geiste, F XV, 3).

Die Liebe zu den Alten wirkte sich nützlich auf erste philologische Arbeiten und Quellenkritik aus. Unter den historischen Werken sind zu nennen *De viris illustribus* und *Rerum memorandarum libri*; in *De viris* befindet sich eine *Vita Terentii* als erste philologische Meisterleistung. Petrarca hebt hier die im Mittelalter vermengte Identität von Terenz mit dem römischen Senator Q. Terentius Culleo wieder auf. Unter den kritischen Texten ragt seine Livius-Ausgabe *De urbe condita libri* (ca. 1326-29) hervor. Wie Kessler nachweist, schuf Petrarca hier durch seine »Kollationierung und Konjekturkritik« verstreuter Manuskripte eine »philologische Großtat«, die bis zu Gutenberg *die* Textautorität für Livius-Studien darstellen sollte. Petrarca sei »in diesem Jahr (1328) zum unbestrittenen Führer der ›Philologie‹ innerhalb einer intellektuellen Elite, die sich für die römische Vergangenheit begeistern konnte, herangewachsen« (Kessler, 1978, S. 67; s. Petrarcas Brief an Livius, F XXIV, 8, wo er diesem Dank sagt: »seculis me felicioribus inseris«, du reihst mich in glücklichere Jahrhunderte ein). Ähnlich akkurat wie im Falle der Livius-Edition sind Petrarcas Marginalglossen und Kommentare zum Vergil-Manuskript der *Aeneis* (ab 1338). Aus Kesslers Arbeit geht jedoch auch hervor, daß Petrarca noch nicht die philologische Methode des Humanismus schaffen konnte, weil er dem hermeneutischen Modell des Mittelalters vom vierfachen Schriftsinn weitgehend verhaftet geblieben sei, wenn er den Akzent auch schon auf den *sensus historicus* verlegte, nach Kessler »ein Meilenstein auf dem Wege zur Philologie« (ebd., S. 67-70). Sein historisch-buchstäbliches Interesse war bereits so weit entwikkelt, daß er auf Wunsch Karls IV. zwei Dokumente kaiserlicher Privilegien als Fälschungen entlarven konnte (S XVI, 5; 6; 1361). Natürlich kam es Petrarca bei seinen philologischen Bemühungen zustatten, Besitzer der größten Bibliothek Europas gewesen zu sein (s. Billanovich, 1960).

Worauf es Petrarca im wesentlichen ankam, war dies: Als Gelehrter hatte er sich die Aufgabe gestellt, die antike Welt zu erforschen, um sich zu bilden und seine eigene Zeit aus der Perspektive der Alten besser einschätzen zu können. Sein Lebensprojekt hieß darum die Versöhnung der antiken Weisheit mit dem christlichen Glauben in der Synthese eines christlichen Humanismus. In einem berühmten Brief an Boccaccio (S I, 4) bekannte sich Petrarca deutlich zu einem christlichen Humanismus auf der Basis antiker Stilkunst und Eloquenz, nennt er doch außer Augustin und Cicero auch Lactanz, Ambrosius sowie Hieronymus aus der frühen Kirchengeschichte (außerdem s. Laura als »Vergine bella« in C366, Geiger, S. 491; s. dazu Mann, 1984, S. 69-71 und außerdem O'Rourke-Boyle, 1991, die Petrarcas Sendung als ›poeta theologus‹ untersucht). Zwar gab es für ihn keinen Zweifel an der Überlegenheit des Christentums gegenüber der Antike (z. B. s. F IV, 2 über »Evangelium Cristi«), er war aber auf die Herstellung einer Traditionslinie aus, die von Plato zu Augustin (*De otio religioso*, BI, 728) führte und es ihm ermöglichte, antike Lebenskunst mit christlicher Lebensführung zu verbinden, besonders was die Herrschaft der Vernunft über die Triebwelt anging. Denn in diesem Punkt stimmten seiner Meinung nach Antike und Christentum überein (»ubi consonant nostris«, BI, 730). Damit sollte er als erster eine nicht-religiöse Zielsetzung des Frühhumanismus im moralisch-ethischen Bereich fördern (s. Noe, 1993, S. 119-121). Wer nicht in diese Traditionskette paßte, ließ er aus oder bekämpfte er, z. B. wenn die Tugendlehre Platos, Ciceros, Augustins durch die aristotelische Naturwissenschaft verdrängt zu werden drohte. Wie sehr es Petrarca auf Synthesen ankam, macht neben dem »Apostel« Cicero auch Jupiter klar, der in *Africa* seine Reinkarnation als Christus voraussagt (A VII, 710-724).

Durch sein Programm des christlichen Humanismus distanzierte sich Petrarca sowohl von der Jurisprudenz, die er sieben Jahre lang studiert hatte, von der traditionellen Medizin als auch von der scholastischen Naturphilosophie. Ein besonderer Dorn im Auge war ihm die geschwätzige Unwissenheit der Aristoteliker, die seiner Meinung nach ihre Denkfaulheit hinter ihrem Meister versteckten. Die jahrhundertealte Aristotelesrezeption schob er dadurch auf ein anderes Gleis, daß er einfach erklärte, es gäbe bei ihm keine Spur von echter Beredsamkeit, obgleich er sonst ein großer Mann gewesen sei (*De sui ipsius*, s. u. III. 1.3.3). Im Brief F I, 7 sagte er den Aristotelikern den Kampf an: Ihre unsinnige Nachfolge des Meisters, die Verwechslung von Mittel und Zweck im Studium der Dialektik, ihr Absinken in Selbstzufriedenheit, das alles stempele sie zu Antipoden der weltoffenen, geistig beweglichen und ewig suchenden echten Gelehrten: »si virtutem, si veritatem sequeris, id genus hominem vita« (wenn du Tugend und Wahrheit suchst, halte dich von solcher Art Mensch fern, I, 7).

3. Lebensideal

Zu den von Petrarca vorgelebten Paradigmen des Humanismus gehört neben dem ›Geistergespräch‹ des Dichter-Gelehrten mit der Antike auch das Reisen: »Et quis non viator ex nobis est?« (Wer von uns ist nicht Reisender, I, 7), im wörtlichen und im metaphorischen Sinne gemeint, das ist – wie sein Lebenslauf beweist – eine Grundbedingung seiner Existenz. An deren Beginn stand die Verbannung der Eltern aus Florenz, am Ende die Mattigkeit nach langer Irrfahrt im Exil (»longis iam fessus erroribus«, F XI, 5), eines Exils, das ihm Freiheit statt Gefängnis bot und wo er sich zuhause fühlte (F II, 4), wenn er von Freunden (Büchern und Menschen) umgeben den blauen Himmel über sich hatte. Dann war sein Vaterland überall und nirgends (»patriam tuam«, F II, 4). In F I, 1 und XV, 4 schildert sich Petrarca als »sine fine peregrinus« (ewigen Pilger) und vergleicht sich mit Odysseus, mit dem Unterschied, daß er selber bereits in der Jugend auszog, seine Neugierde über die Welt zu befriedigen, weil er seine Ignoranz in Wissen verwandeln wollte. Er gibt außerdem zu, daß ständiger Ortswechsel seinen müden Geist immer erfrischt hätte (F XV, 4 , IX, 3 und XVI, 11); jedoch hatte das viele Herumreisen auch seine Schattenseiten: Die übertriebene Neugier konnte nicht nur zur Übersättigung führen, sondern sogar zur Krankheit werden, die nur durch ein strenges Regime zu kontrollieren sei, nämlich die Heimkehr aus der Außenwelt in die Innenwelt (»in animo«, F XV, 4). Wie sehr er aber bis zu seinem Tode von Rastlosigkeit umgetrieben wurde, geht noch aus seinem Testament hervor, wo er über den möglichen Ort seiner Beerdigung nachdenkt und alle Städte Oberitaliens nennt, an denen er sich je aufgehalten hat:

»Wenn man aber meinen Willen genauer erkunden will, so würde ich wünschen, falls ich in Padua, wo ich jetzt bin, sterben sollte, in der Kirche des heiligen Augustin begraben zu werden.(...) Sollte ich aber in Arquà, wo jetzt meine Landwohnung ist, meine Tage beschließen und sollte Gott mir (...) noch zugestehen, daß ich dort eine bescheidene Kapelle zu Ehren der allerseligsten Jungfrau Maria errichte, so möchte ich dort begraben werden.(...) Falls ich aber zu Venedig sterbe, will ich bestattet sein an der Stätte des heiligen Franciscus in Vinea, dort vor dem Eingang der Kirche, falls in Mailand, vor der Kirche des seligen Ambrosius (...), falls in Pavia, in der Kirche des heiligen Augustin (...), falls in Rom, in der Kirche von Sancta Maria Major (...). Ich habe die Orte genannt, an denen ich mich in Italien aufzuhalten pflege. Sterbe ich aber in Parma: in der Kathedralkirche, an der ich viele Jahre lang ein nutzloser und fast immer abwesender Erzdiakon gewesen bin. Wenn aber sonst irgendwo anders auf der Welt, dann an einer Stätte der minderen Brüder.« (EP, S. 185-186)

Für die weitere Ausbreitung der humanistischen Studien war es dennoch entscheidend, daß der herausragende Gelehrte seiner Zeit überall wo er hinkam, Freundschaften schloß und Mäzene fand, die seine Bemühungen um die Wiedergeburt der Antike vervielfachten. Einen Überblick über seine Freundschaften liefert Petrarcas Brief an »Socrates«: »Commemoratio premissorum ac superstitum amicorum« (Erinnerung an die verstorbenen und noch lebenden Freunde, F IX, 2). Aus seinen Briefen erhellt, wie sehr Petrarca auch in Perioden selbstgewählter Einsamkeit auf den Dialog als Existenzform angewiesen war. War kein lebender Freund da, blieb ihm das hohe Geistergespräch mit Horaz, Livius, Cicero, Homer etc. Sie waren nicht nur in seinem Geiste, sondern in seinem Blute, Teil seines Selbst (F XXII, 2). In ihrer Gesellschaft wurde die ländliche Einöde zum locus amoenus (»felix rusticatio«, F XII, 8).

In dem Brief über die Freunde erwähnt er noch nicht Boccaccio, eine Freundschaft, die sich erst ab 1350 allmählich entwickelte, zu gemeinsamem Aufenthalt führte, zum Austausch von Manuskripten – z. B. besorgte ihm Boccaccio Homer in lateinischer Prosa – und schließlich zu Petrarcas Vermächtnis von 50 Goldtalern, damit sich Boccaccio einen warmen Wintermantel kaufen konnte (EP, S. 189; s. Billanovich, 1947, Kapitel II).

Seine Beziehungen mit vielen Gelehrten über die Grenzen Italiens hinweg ergaben erstmalig ein weites Netz einer frühhumanistischen Interessengemeinschaft, hergestellt entweder durch persönlichen Kontakt des sogenannten »Diplomaten der humanistischen Gelehrtenrepublik« oder durch eine umfangreiche Korrespondenz.

Dazu Petrarca selbst:

»Quotidie epystolas, quotidie carmina omnis in caput hoc nostri orbis angulus pluit; nec satis est: peregrinis iam, nec Gallis modo sed Graiis et Theutonis et Britannis, tempestatibus literarum pulsor, omnium ingenium arbiter, mei ipsius ignarus. Si ad singula respondeam, occupatissimus omnium mortalium; si damnem, censor invisus; blandus mendaxque, si laudem; insolens superbusque, si taceam. Timent, puto, ne lentius egrotem.«

(Täglich regnet es Briefe und Verse auf mein Haupt aus jeder Gegend Italiens; damit nicht genug: aus dem Ausland erreicht mich eine Flut von Schriften, nicht nur aus Frankreich sondern aus Griechenland, Deutschland und England. Ich bin der Schiedsrichter aller Geister, kenne aber meinen eigenen selbst nicht. Wenn ich jeden einzelnen beantworten würde, wäre ich der beschäftigste Mann der Welt; wenn ich verdammte, gälte ich als feindlich gesinnter Richter; falls ich lobte, als Schmeichler und Lügner; schwiege ich, als unverschämt und eingebildet; ich meine, sie fürchten, daß ich mich langsam aufzehre, F XIII, 7)

Trotz seiner Klage ist Petrarca die Wiederbelebung der antiken Brieftradition zu verdanken, die den Humanistenbrief schließlich zu einer Art »Zugehörigkeitsausweis zur internationalen Bildungselite« machte (Könneker, 1991, S. 106).

Petrarca klagte natürlich, weil die ihm zeitweise überhandnehmende Korrespondenz seine schöpferische Freiheit in Vaucluse, Selvapiana oder Arquà einengte. Fürs Schreiben brauchte er vor allem Muße. Aus dem belagerten Parma schrieb er von seiner »Sehnsucht nach Freiheit. Denn sie ist es, nach der ich mit aller Kraft des Verlangens immerzu trachte und der ich endlich, wenn sie mich flieht, immer wieder, zu Wasser und zu Lande, nachjage« (F V, 10, Heintze, S. 276). Und doch bekannte er in einem Brief an Boccaccio, »liberrimum semper hominum et fuisse« (kein Mensch sei je freier als er gewesen, S VI, 2), jedenfalls was die Freiheit im Geiste (»animo liber«) angehe.

Die Freiheit, die er meinte, ist die auf stoischer Grundlage basierende Selbstgewißheit: »Wenn du dich selbst hast, ist es genug; es gibt ja keinen größeren Reichtum, keinen herrlicheren Besitz, als sein Gemüt in seiner Gewalt zu haben« (F VIII, 1, Heintze, S. 293). Das Selbst befreit sich von der Herrschaft Fortunas, indem es sich auf Vernunft und Tugend besinnt (s. Heitmann, 1958). Sie erst begründet die Würde des Menschen, die deshalb in den Kult des Ich übergehen kann. »Gegenüber dieser Sonderstellung des Menschen als des größten Wunders der Schöpfung erscheinen die Widrigkeiten im menschlichen Leben dem Weisen geringfügig, da er sie mittels seiner Vernunft und seiner Tugend zu meistern vermag und so alle Störungen seines Seelenfriedens abwehren kann.« (Buck, 1991, S. 287). Von Petrarcas Spruch »Ego sum unus utinamque integer« (Ich bin ein und derselbe und möchte einer bleiben, zitiert bei Buck, 1990, S. VII) leitet sich die vielfach vorgenommene Deutung Petrarcas als ›erster moderner Mensch‹ her. Aus dieser Perspektive des sich selbst bewußt gewordenen, aber sich auch immer wieder in Zweifel ziehenden Individuums erklärt sich auch Petrarcas Verachtung der Volksmenge (vulgus), die er als unvernünftig, dumm, träge, ja sogar als krank einschätzte (F XV, 4; s. dazu Bosco, 1965, S. 103 f.).

4. Mäzene und Fürstendienst

Intensive persönliche Kontakte pflegte Petrarca darum zu vielen Gelehrten und Politikern an kirchlichen und weltlichen Höfen seiner Zeit. Einmal gab er sogar selber zu, er habe immer wieder bei Fürsten gelebt (S XVII, 2). Auf jeden Fall spielen die Fürsten als Mäzene in seinem Leben eine große Rolle. Seit 1330 lebte er im Hofstaat des Kardinals Giovanni Colonna in Avignon, ab 1341 bei den Herrn von Parma, Azzo da Corregio, ab 1349 bei Jacopo da Carrara von Padua und schließlich ab 1353 bei den Visconti von Mailand. Wieder und wieder zog es Petrarca zu den großen Herren, die ihn verehrten und aufsuchten, aber auch für ihre eigenen politischen und kulturellen Zwecke benutzten. Die schon früher unternommenen diplomatischen Missionen häuften sich in den acht Mailänder Jahren, als ihn die Visconti als Gesandten nach Venedig (1354), Prag (1356) und Paris (1361) schickten. Mit Reden und Schreiben stand Petrarca im Dienst tyrannischer Fürsten, was unter seinen Freunden, z. B. bei Boccaccio im von Mailand bekämpften Florenz, einen Schock auslöste.

Einen ersten »Verrat«, wie man damals meinte, hatte Petrarca bereits früher begangen, als er sich zur Zeit von Cola di Rienzos Regierungsumsturz in Rom plötzlich gegen seinen langjährigen Freund und Mäzen Kardinal Colonna wandte. Noch heute tut sich die Forschung deshalb schwer mit Petrarcas Vorliebe für tyrannische Herrscher. Z. B. spricht Morris Bishop von einem »moral blot on his record«, einem Charakterfleck (1964, S.323).

Wie hat sich Petrarca gegenüber seinen Kritikern zu rechtfertigen versucht? Schon im Brief an Guido Sette über seinen Tagesablauf in Mailand hat er unter allen italienischen Fürsten den Visconti als den größten dargestellt (F XIV, 16). Trotzdem habe er immer seine persönliche Freiheit bewahrt, auch wenn er wie ein Fürstendiener aufgetreten sei (»animo liber sim«, S VI, 2). Er hätte sich also im Grunde nie etwas vergeben, vielmehr wären die Fürsten mehr bei ihm als er bei ihnen gewesen (ebd.); kurz, er diene lieber einem einzigen als einem ganzen Volke (vulgus) von Tyrannen (S VI, 2).

Offenbar lebte Petrarca ein sehr attraktives, aber auch gefährliches »Bündnis zwischen der neuen Dichtung und dem neuen Herrscher« vor, worunter Eppelsheimer den Signor verstand, der durch seine Regierungsform das Zeitalter bestimmte (1926, S. 128). Noch Petrarcas Brieftraktat *De republica administranda* (F XII, 2), adressiert an den Tyrannen von Padua, Francesco da Carrara, preist diesen Fürstentyp. Eppelsheimer meint, Petrarca habe in diesen Herrschern vielleicht »etwas von der *virtus* altrömischer Kriegshelden« gewittert (ebd., S. 129) und sich nicht umsonst Cola zugewandt als Erneuerer der römischen Republik. Das heißt jedoch nicht, daß Petrarca bei all seiner Liebe zu einem persönlichen Freiheitsideal Republikaner war. Er war augenscheinlich für den starken Mann, den Landesvater, der die Volksmenge kontrollieren konnte und dem sich Petrarca als Geistesadliger ebenbürtig an die Seite stellte. Über Eppelsheimer hinaus ist darum hervorzuheben, wie sehr Tyrann und Dichterfürst aufeinander angewiesen waren, verdankte doch jener diesem seinen Ruhm (»nomen... sine literis non servatur«, ohne die Literatur erhält sich kein Name, F VII, 15) und der gelehrte Dichter Ansehen und Ausstrahlung dem höfischen Umgang.

Typisch für die Seelenverfassung Petrarcas und den nachfolgenden Humanismus (man denke an den Briefwechsel Pirckheimer – Hutten) war, daß er zeit seines Lebens zwischen seinem höchsten Ideal, dem kontemplativen Dasein in ländlicher Stille, und aktiver Teilnahme am staatlichen Geschehen, d. h. auch kritischer Parteinahme gegen gesellschaftliche Mißstände, schwankte. Gewiß, von manch einer fürstlichen Gesandtschaft konnte sich Petrarca auf Wunsch seiner Mäzene nicht fernhalten. Doch sein Interesse an der Beilegung der Kämpfe zwischen den oberitalienischen Stadtstaaten und an dem Wohlergehen von Papsttum und Kaiserreich hatte einerseits ganz persönliche Gründe (Exil in Avignon), andererseits war es Konsequenz seines Studiums der Antike und der daraus gewonnenen Einsicht von der erforderlichen Anwendung der Erkenntnisse auf die Praxis seiner Zeit (s. Kessler, 1978, S.114: »Praxisvollzug«; auch Mann, »The active and contemplative lives«, 1984, S. 40). Wie ungern er seine »felix rusticatio«, seine ländliche Idylle verließ, geht aus vielen Briefen hervor; z. B. mußte er gelegentlich von Vaucluse nach Avignon reisen, der »Hölle Babylon« (F XII, 9), ein andermal über die verschneiten Alpen, als er sich gar nicht rüstig fühlte. Aber er ging dennoch, seiner Pflicht genügend und das erfüllend, was er sich und der Öffentlichkeit schuldete (s. Brief an Karl IV. vom 23. Nov. 1353, in EP, S. 96; vgl. auch G. Santangelo, 1961-62, S. 17: »Amore di sé, amore degli altri e amore di patria non contrastano, sono bensí alla base della ›anima cura‹«).

Am Beispiel zweier Personen, Cola di Rienzos und Karls IV., läßt sich besonders gut zeigen, wie Petrarca, gedrängt von dem Elend Italiens und inspiriert von Altrom, neben dem kontemplativen einen aktiven Humanismus vertrat, der zu den Anfängen des italienischen Patriotismus führen sollte.

Schon in Avignon, als Cola noch eine unscheinbare Gestalt war, befreundete sich Petrarca mit ihm im Zeichen ihrer gemeinsamen Rombegeisterung. Sechs Briefe bezeugen Petrarcas brennende Anteilnahme an Colas Plänen und seinem Schicksal zwischen 1347 und 1352 (Briefwechsel in Piur, 1933), außerdem die Kanzone 6 »Spirto gentil che quelle membra reggi...« (C53; s. Geiger, S. 105-108) und ein langer Abschnitt in *Invectiva contra eum qui maledixit Italie* (*Prose*, S. 768-802).

Auf die Nachricht von Rienzos Staatsstreich in Rom (1347), als er die adligen Senatoren durch sein Volkstribunat nach altrömischem Vorbild ersetzte und zur Neuordnung Roms und Italiens schritt, schrieb Petrarca an seinen Freund, er denke an ihn Tag und Nacht (»Curis anxius hoc per diem, hoc per noctem cogito«, V 40), er begrüße die Revolution »wie die politische Tat seines eigenen Gedankens«; er verteidigte Cola außerdem gegen seine Feinde in Avignon, denn für ihn schien Rom nach tausendjährigem Schlaf wiedererwacht und in Cola ein zweiter Brutus und Cicero wiedererstanden (V 48). Auf dem Wege nach Rom (über seine Romreisen s. z. B. F XI, 1), wo er sich in den Dienst der ausgerufenen Republik stellen wollte, erreichte Petrarca in Genua bereits die Nachricht von dem Versagen Colas, worauf er einen strengen Mahnbrief verfaßte: Cola solle lieber sterben als die Freiheit aufgeben, er sei in Gefahr zu stürzen, falls er sich wie berichtet auf den Abschaum des Volkes stütze. Er laufe Gefahr, erstens, zum Verräter an seinem eigenen Land zu werden und zweitens, Petrarcas Ruhm mit seinem Fall in den Schmutz zu ziehen (F VII, 7 = Heintze, S. 304 f.; s. Eppelsheimer, 1926, S. 97-121).

Nach wenigen Monaten verlor Rienzo tatsächlich aufgrund verschiedener Torheiten – z. B. verglich er sich mit Jesus, begann nach seiner Machtergreifung einen neuen Kalender und betrachtete sich als Instrument des Heiligen Geistes – die Unterstützung des römischen Volkes und mußte Rom verlassen. Er zog sich in die Abruzzen zurück, wurde später nach einer Audienz bei Karl IV. in Prag verhaftet und an den Papst in Avignon ausgeliefert, aber von dem neugewählten Innozenz VI. (ab 1352) als päpstlicher Senator nach Rom gesandt, wo er während eines vom Adel inszenierten Aufstandes ermordet wurde.

Eine Sternstunde hatte die zwei herausragenden Männer des 14. Jahrhunderts zusammengeführt und drohte beim Sturz Colas Petrarca mit in den Sog des Unterganges hineinzureißen, da Petrarca bei Ausbruch der Revolution alles auf eine Karte gesetzt hatte: »es schien mir, daß ich Teil hatte an all seinem Ruhm« (F XIII, 6=Heintze, S. 309). Er hatte mit der Familie seiner Förderer, dem Hause Colonna, aus der Illusion heraus gebrochen, daß sein Traum von der Renaissance »des hehren Roms« (ebd.) und Italiens Wirklichkeit werden könnte. Im Einklang mit Rienzo hatte er an die Wiederherstellung einer auf Volkssouveränität begründeten römischen Republik geglaubt. Alle seine »Hoffnung auf Italiens Freiheit hatte er auf jenen Mann gesetzt« (ebd., S. 311), mit dem er das Schicksal teilte, auf dem Kapitol gekrönt worden zu sein und im Exil zu leben (*Sine nomine* 4).

Der elende Ausgang des großangelegten Unternehmens machte Petrarca den Unterschied zwischen römischem Heldentum und Colas Feigheit deutlich, »er, der auf dem Kapitol ruhmvoll hätte sterben sterben können, hat zu seiner eigenen und zur Schande des römischen Namens und des Staates den Kerker in Böhmen und im Limousin [Avignon] auf sich genommen« (F XIII, 6=Heintze, S. 309).

Die Forschung hat Cola di Rienzo gelegentlich als ›Proto-Faschisten‹ (u. a. Bishop, 1964, S. 261), als ›Mussolini-Typ‹ (Mann, 1984, S. 36) und als pathologische Schwärmerfigur

(Eppelsheimer, 1926, S. 107) abgetan. Petrarca hat sich trotzdem nie seines eigenen Einsatzes für eine gute Sache geschämt: »Es gibt einige Briefe von mir an ihn [Cola], derer ich mich heute keineswegs schäme. Ich bin kein Prophet, und wäre doch auch er keiner gewesen. Auf jeden Fall verdiente das, was er tat und auch für die Zukunft zu tun schien (...), nicht nur meine volle Bewunderung, sondern die des ganzen Menschengeschlechts« (Heintze, S. 309; s. F XIII, 6: »divinare enim non soleo«). Was er an Cola verurteilte, waren nicht dessen politischen Ziele, die Petrarca teilte, sondern die Charakterschwäche, wodurch er sich selber um seine Macht gebracht hätte: seine Feigheit und sein plötzlicher Sinneswandel (F XII, 6=Heintze, S. 311 f.). Das sei seine Sünde gewesen, sein sogenanntes »Verbrechen« sei dagegen ewigen Ruhmes würdig: »da er mutig einen gesunden und freien Staat errichten und in Rom über das römische Reich und die römischen Angelegenheiten verhandeln wollte« (S. 313).

Nach seiner Enttäuschung über Rienzo setzte Petrarca seine ganze Hoffnung auf den Luxemburger Karl IV., 1332 auf kurze Zeit Statthalter in Italien und ab 1346 König von Böhmen, ab 1355 Kaiser. Dante hatte bereits von Karls Großvater, Heinrich VII., die Einigung Italiens erhofft, nun sandte Petrarca Karl IV. innerhalb eines Jahrzehntes etwa ein Dutzend Briefe (1351-1361, F X, 1 bis XXIII, 2; s. auch *Sine nomine* Nr. 19; Texte in Piur, 1933). 1351 forderte Petrarca Karl zur Romfahrt auf, weil »das römische Reich (...) seine oft enttäuschte und fast schon aufgegebene Hoffnung auf Rettung zu guter Letzt in Deine Tatkraft gesetzt« habe (Trillitzsch, 1981, S. 114). Da Karl aber nicht als Böhme das römische Imperium wiederherstellen konnte, verwandelte ihn Petrarca in seinem Brief in einen Italiener, der in Italien erzogen nun in sein Vaterland zurückkehren sollte: »Wir betrachten dich als Italiener« (ebd., S. 115). Darum könne er allein sich der erbarmungswürdigen Gestalt Romas annehmen, Italien befrieden und neu ordnen (F X, 1= S. 113-120). Aus der Feier Roms entwickelt Petrarca seine Aufforderung an den Kaiser, römische Tugend zum Maßstab für sein Handeln zu wählen.

Natürlich war Karl in Prag geboren, hatte in Paris Scholastik studiert und weitgehend die bestehenden Machtverhältnisse im Reich und insbesondere in Italien akzeptiert. Nicht umsonst hatte er Rienzo als Aufrührer an den Papst abgeschoben. In seinem Antwortschreiben an Petrarca wies er darauf hin, er hätte sich »nicht von Eitelkeit verlocken lassen, nach der Herrschaft zu trachten« (F XII, 1= EP, S. 103). Ironischerweise war der Brief wohl von Cola im Gefängnis verfaßt worden, weil am Hofe niemand vorhanden war, der dem Dichter auf ähnlich elegante Weise antworten konnte.

Trotz der Absage wurden Petrarcas Rufe nach des Kaisers Romfahrt immer dringender. Nicht nur zog er eine Parallele zu Cola, der allein schon durch den Tribunentitel so viel vermocht hatte (ebd., S. 99), sondern auch zu Caesar: »Dann erst wirst du mir als wahrer Caesar und als wahrer Imperator erscheinen, wenn du deine Pflicht erfüllt hast« (S. 104). An dieser Stelle wird ein interessanter Zug im politischen Denken Petrarcas deutlich, sein Verlangen zurück zur goldenen Zeit und gleichzeitig ihre Projektion in die Zukunft, um die Erkenntnisse des Studiums der Antike für seine Zeit nutzbar zu machen.

Der zweite Italienaufenthalt Karls IV. führte ihn über Mailand nach Rom zur Kaiserkrönung. Damals kam es zu einer außerordentlichen Begegnung zwischen Petrarca und Karl IV. in Mantua, dessen Bedeutung sich Petrarca durchaus bewußt war: vom Kaiser zu einem Besuch aufgefordert zu werden, sich mit ihm in ein langes nächtliches Gespräch zu vertiefen und zu merken, daß der Kaiser Petrarcas Leben oft besser kannte als er selber (F XIX, 2=EP, S. 111), so viel der Ehre sei wohl kaum je einem anderen Italiener von einem Nachfolger der Caesaren widerfahren (F XIX, 3; fügen wir hinzu: unter den Deutschen wohl nur Goethe von Napoleon 1808).

Worüber unterhielt man sich? Anläßlich einiger römischer Münzen, darunter auch eine mit dem Profil von Augustus, sprach man über die Nachfolge der Römer, über Bücher (*De viris*) und Petrarcas Ideal vom einfachen Leben, worauf ein gewaltiger Disput (»ingens disputatio«, BI, 1005) unter den beiden über die Vorzüge der Kontemplation und des aktiven Lebens ausbrach. Der Kaiser stellte Petrarca auf die Probe, indem er meinte, falls ihm das entsprechende Buch (*De vita solitaria*) in die Hände fiele, würfe er es ins Feuer (ebd.); er

27

bat ihn, ihm nach Rom zu folgen. Petrarca lehnte aus triftigen Gründen ab und bewies auch sonst seine Unabhängigkeit, indem er – so seine Darstellung – im Gespräch freimütig Rede und Antwort stand. Diese Geistesfreiheit hatte er sich im Verkehr mit Höherstehenden angewöhnt (»Occuris libertate illa mea qua cum maioribus magis uti propositum est, quam michi quidem contulit natura«, BI, 1004).

Dieser Freimut entlud sich nach der Krönung Karls und seinem eiligen Rückzug über die Alpen in einem höhnischen Abschiedsbrief: »Herrliches hast du ausgerichtet, großer Kaiser, mit deinem lange Jahre verschobenen Kommen nach Italien und deinem eigenen Weggang!« Petrarca spricht gar von einer regelrechten Flucht zurück ins barbarische Böhmen (EP, S. 115).

Trotz dieser vorübergehenden Entfremdung kam es jedoch nie zum völligen Bruch zwischen Dichter und Kaiser, suchte doch Petrarca Karl IV. 1356 in Prag auf, als er im Namen der Visconti um Frieden in der Lombardei bat. Selbst die Korrespondenz mit dem Kaiser wurde gelegentlich wieder fortgesetzt. Parallel dazu kam der berühmte Briefwechsel zwischen Petrarca und Johann von Neumarkt in Gang, dem Kanzler des Kaisers (1352-1359). Ein letztes Mal trafen sich Kaiser und Dichterfürst 1368 anläßlich einer erneuten Italienreise Karls in Udine und Padua.

Die zwei Beispiele, Cola und Karl IV., zeigen, bis zu welchem Grade sich Petrarca seine innere Freiheit im Umgang mit den Herrschern seiner Zeit hat bewahren können. Er war nicht gewillt, irgend jemandem zu dienen – außer aus freien Stücken (S VI, 2 an Boccaccio). In dieser geistigen Autonomie hat man darum erste Zeichen einer sich formierenden Profangesellschaft gesehen, wahrscheinlich etwas voreilig mit noch ungenügendem Beweismaterial für eine solche Verallgemeinerung. Die Beispiele beweisen aber seine aktive Teilnahme am öffentlichen Geschehen. Die verstand er als seine von Cicero und Seneca vorgelebte Pflicht. Zeitgenossen wie Papst Urban V. erkannten diese Einstellung und lobten ihn als einen »quem ad comune bonum me habere et ipse dicit et ego non dissimulo« (der ich mich für das Gemeinwohl einsetze, sagt er und ich [Petrarca] verheimliche das nicht, Zitat in *Invectiva contra eum qui maledixit Italie*, B II, 1176). Zu seiner Freude an seinem weltweiten Ansehen kam sein tatsächliches Interesse hinzu, Rom wieder zum Sitz von Kaiser und Papst zu machen. Deshalb drängte er nicht nur Karl IV., sondern auch die Päpste von Avignon, nach Rom zurückzukehren (Briefe zwischen 1334 und 1368 an Benedikt XII., Klemens VI. und Urban V.). Nun schien Rom seine Position als zukünftige Herrscherin der Renaissance-Welt langsam wieder einzunehmen, dank Petrarcas dortiger Ehrung und Rufen nach Kaiser und Papst sowie Colas Krönung. Aus dem Brief vom Februar 1351 über Kaiser Karl IV. (F X, 1) geht hervor, wie sehr der Gedanke an ein Heiliges Römisches Reich Deutscher Nation der Idee eines ausschließlich römischen Reiches nach antikem Modell gewichen war. Unter dem Imperium verstand Petrarca offenbar die Weltherrschaft des römischen Volkes, ohne jede Festlegung auf Republik oder Monarchie (s. Eppelsheimer, 1926, S. 135). Darum konnten sowohl Cola als auch Karl IV. der Realisierung von Petrarcas Traum dienen.

Man kann es vielleicht so formulieren: Das Studium der Antike hatte Petrarca zum Römer gemacht, das Exil zum italienischen »Patrioten« (s. F I, 3; XIV, 5; XXII, 2 und Eppelsheimer, 1926, S. 153: »Petrarcas Patriotismus ist exil-geboren«). Aus der Ferne der Provence mischten sich Sorge und Liebe im Gedenken an das Schicksal Italiens, da er sah, wie der Staatskörper des Vaterlandes zu zerfallen drohte (s. EM III, 24: »Salve, cara Deo tellus sanctissima«, auch die 16. Kanzone: »Italia mia«; C 128).

Die Forschung hat sich zumindest seit De Sanctis (1869) mit der Frage beschäftigt, was von dem Politiker Petrarca und insbesondere seinem Patriotismus zu halten sei. De Sanctis hatte bei Petrarca nur den durch Rhetorik verhüllten Anschein leidenschaftlicher Teilnahme entdeckt: »Queste opinioni furono in lui abbastanza efficaci per fargli comporre di belle poesie, ma non abbastanza per farlo operare romanamente« (Diese -patriotischen – Meinungen wirkten so auf ihn, daß er schöne Gedichte schreiben konnte, aber nicht genug, um ihn als Römer handeln zu lassen, 1964, S. 43); dagegen hat unter anderen Bosco in seinem Kapitel »Letteratura e Política« (1965, S. 173-184) darauf aufmerksam gemacht, daß es verfehlt sei, Petrarca mit den Maßstäben italienischer Patrioten des 19. Jahrhunderts zu messen und ihm etwa Inkonsequenz und Heuchelei vorzuwerfen. Petrarca sei genauso wie in der Moralphilosophie auch in der Politik Eklektiker gewesen, Politik für ihn keine fanatische Angelegenheit eines Patrioten, sondern mehr Gefühlssache: »Bedauern, Wunsch, Traum« (ebd., S. 177) von einem befriedeten Italien. Aber auch dieser Dichtertraum ist geprägt von Petrarcas Bewußtsein der Vergänglichkeit aller Dinge. Worauf er allein Wert legte, war das Verlangen, sein eigenes Freiheitsideal ohne praktischen Beruf und ohne Verpflichtungen leben zu können (ebd., S. 179). Eine konkrete Vorstellung von »politischer Freiheit« hätte er nie besessen, einen klaren Begriff von »Vaterland« nie gehabt, heißt es doch:« Ein Vaterland gehört den guten Menschen, ein anderes den schlechten. Ein drittes gibt es nicht« (*De remediis* II, 129). Darum, schließt Bosco, habe Petrarca Colas politische Größe auch nie verstehen können, sei es diesem doch um die Bildung der italienischen Nation gegangen, jenem aber um die literarische Utopie eines Universalreiches unter Rom (Bosco, 1965, S. 177-178; s. Rom als Herrin der Welt F XI, 16). Damit steht Petrarca eher in der Traditionslinie, die zum Kosmopolitismus des Erasmus führen sollte.

III. Lateinische Werke

1. Prosa

1.1 Briefsammlungen

Sechs Briefsammlungen mit rund 600 Briefen stammen von Petrarca; außer den *Variae,* gemischten Briefen von Freunden und Schülern zusammengestellt, hat Petrarca selber fünf davon für die Veröffentlichung redigiert, alle auf Lateinisch und nur die *Epystole Metrice* in Versen. Bis auf wenige Ausnahmen (*Variae*) sind die Originale, die Petrarca dafür überarbeitete, fast alle verloren – zusammen mit zahllosen Briefen, die Petrarca nicht ausgewählt hatte und vernichtete.

Warum er so viele Briefe geschrieben und zu Büchern zusammengefaßt hat, erklärt sich aus Petrarcas Selbstverständnis als Dichter-Gelehrter an der Schwelle zur frühen Neuzeit: »scribendi enim michi vivendique unus« (Schreiben und Leben sind bei mir eins, F I,1); insbesondere lag ihm die Korrespondenz mit Freunden am Herzen. »nullus michi alius epystolaris stili quam vite finis ostenditur« (ich kann nicht aufhören, Briefe zu schreiben, außer ich höre auf zu leben, S I,1).

Wie sehr Briefe ein wichtiges Element seiner humanistischen Lebensführung bildeten, geht aus der Entstehungsgeschichte der *Epistolae familiares,* von Petrarca auch *Epistolarum mearum ad diversos liber* genannt, hervor: »sub primum adolescentie tempus inceptum« (in früher Jugend begonnen, F I, 1). Damit bezieht sich Petrarca auf die frühestens seit 1325 gesammelten Briefe an Freunde und Bekannte, die er nach der Entdeckung von Ciceros Briefen in Verona (1345, *Ad Atticum*) als »vertrauliche Briefe« veröffentlichen wollte: »quanquam in his epystolis magna ex parte Ciceronis potuis quam Seneca morem sequar« (in einem großen Teil folge ich eher Cicero als Seneca, F I, 1). Im Laufe seines Lebens nahm Petrarca immer wieder neue Anläufe, seine Sammlungen voranzutreiben. Zuerst war es nur ein Buch, nach 1351 entstand eine Zwischenstufe von acht Büchern, nach 1359 waren sie auf 20 angewachsen, wovon das letzte *Antiquis illustrioribus* die fingierten Briefe an die ›hohen Geister‹ der Antike enthielt. Die letzte Fassung von 1366 faßt 350 Briefe zusammen und heißt *Rerum familiarium libri*. Nach dem Muster Homers verteilte Petrarca die Briefe auf 24 Bücher und widmete sie schon früh, bevor die Sammlung fertig wurde, seinem Freund ›Socrates‹, der bereits 1361 starb. Petrarca behauptet, er habe nichts anderes getan als seine Freunde über sich selbst in einem vertraulichen Ton zu informieren (»animi mei status«...«familiariter ... rebus familiaribus scripta erant«, F I, 1).

Daraus könnte man den Schluß ziehen, diese Briefe seien intime Äußerungen über sein Privatdasein oder zumindest zuverlässige autobiographische Zeugnisse seiner vielfältigen Beziehungen zu den Großen seiner Zeit. Er hat seine Briefe ja auch weitgehend chronologisch angeordnet: »Hic sane non rerum sed temporum rationem habui« (ich habe dies Werk durchaus nach der Zeitfolge und nicht thematisch angeordnet, F XXIV, 13). Zudem gab er seinem Leser noch diesen Hinweis: »Ita enim et progressus mei seriem (...) viteque cursum lector intelligit« (so könne der Leser sowohl die Kette meiner Entwicklung als auch meinen Lebenslauf erkennen; ebd.).

Dem ist entgegenzuhalten, daß Petrarca nach antikem Usus vorging und zeit seines Lebens an Komposition und Stil seiner Briefe feilte, weil er der Öffentlichkeit literarische Kunstprosa liefern wollte. Deshalb vernichtete er die Originale der zugrundeliegenden Spontanbriefe (s. F.-R. Hausmann, 1983, S. 61 f.). An den verschiedenen Zwischenstufen hat die Forschung denn auch den steten Prozeß der inhaltlichen und stilistischen Überarbeitung nachgewiesen. (Petrarca spricht nach Ciceros Vorgang von »interiectis moralibus«, moralischen Einschüben, F I, 1). Dabei handelt es sich vorwiegend um eine Reduktion mittelalterlicher Rhetorik – z. B. Kadenzen, Emphasen, künstliche Ausdrucksweise – zugunsten eines eleganteren klassischen Lateins, außerdem um die Reorganisation des ihm vorliegenden Rohmaterials. So verband Petrarca etwa einige zu kurze Briefe zu einer größeren Einheit, zu lange Briefe teilte er auf und datierte viele Briefe um, wo es der Zusammenhang zu erfordern schien (Bernardo, 1958). Beispielsweise hat man den erhaltenen autographischen Briefentwurf zu F XVI, 6 an Niccolò, Bischof von Viterbo, mit dem Endresultat verglichen (s. Amaturo, 1974, S. 162-165: »elaborazione delle ›Familiares‹«). Darüber hinaus sind von den 350 veröffentlichten Briefen ca. 80 Entwürfe erhalten, die fast alle für die Publikation überarbeitet worden sind. Viele »Briefe, die scheinbar aus den dreißiger und vierziger Jahren des 14. Jahrhunderts stammen (...), benutzen und zitieren häufig klassische Autoren, die Petrarca zu jener Zeit noch gar nicht kannte« (Baron, 1976, S. 370). Der Kunstcharakter der Sammlung wird noch deutlicher, bedenkt man, daß viele Stücke nie abgesandt worden sind. Nach Billanovich beginnt sogar erst in Buch III und IV die »wirkliche Korrespondenz« (1947, S. 48-54).

Petrarca nannte seine Hauptthemen selber: »scripti (...) nunc de publicis privatisque negotis, nunc de doloribus nostris« (geschrieben bald über öffentliche und private Dinge, bald über unsere Schmerzen, F I, 1), d. h. er lieferte ein Mosaik seines Alltagslebens, seiner Reisen, seiner Freundschaften, seiner literarischen und politischen Interessen sowie seiner polemischen Kontroversen, – etwas moderner ausgedrückt – in der Form von »Leitartikeln oder publizistischen Stellungnahmen« zu Fragen der Zeit (Roloff, 1984, S. 212).

Insofern haben diese *Familiares* eine doppelte Funktion: erstens, den Entwurf eines Selbstporträts in Fragmenten bzw. einer von Homer und Cicero inspirierten epischen Reise zu sich selbst vorzustellen – so lassen sich übrigens fast alle Werke Petrarcas verstehen: als Pilgerreisen seiner Seele auf der Suche nach sich selbst; zweitens, für die Nachfahren Auskunft über den von ihm miterlebten Umbruch der Zeiten zu geben. So ist beides in die *Familiares* eingegangen: Selbstdarstellung und Weltbild, jedoch untrennbar miteinander verwoben, weil das Selbst sowohl Prisma als auch in seiner Selbstkontrolle Modell für die Welt sein sollte (s. Mazzotta, 1993, S. 90). Darüber hinaus sind die *Familiares* ein erstes Zeugnis für die humanistische Geisteshaltung und das weitmaschige Beziehungsgeflecht der allmählich entstehenden neuen Bildungselite, deren Erfolg von umfangreicher Korrespondenz und vielseitiger Reisetätigkeit abhing. Das Leben einer selbstbewußten Dichterpersönlichkeit gewinnt über literarisch umgearbeitete Briefe im großangelegten Buch Gestalt; das ursprünglich ungestalte Material des Lebens nimmt Form an unter dem Einfluß der ciceronianischen Kunstprosa. Der dahinter wirksame schöpferische Prozeß resultiert in einem doppelten Verfahren: »life generates letters, letters generate life, or the image of a life« (das Leben produziert Briefe, Briefe das Leben, oder das Bild eines Lebens, Mann, 1984, S. 88). Mit anderen Worten: die Konstruktion eines Selbst durch ästhetische Komposition und bewußte Strategie, wie z. B. die fingierten Briefe an die antiken Autoren zeigen, in denen sich Petrarca der historischen Distanz und gleichzeitig der geistigen Brüderschaft bewußt wurde. Nicht umsonst stellt Rico die rhetorische Frage, ob wir es anläßlich der Briefe eher mit »Dichtung oder Wahrheit« zu tun hätten (1974, S. XIII). Aus der Polemik gegen Kirche und Scholastik erhellt zudem ex negativo, daß Petrarca als *homo litteratus*, als freier Schriftsteller am Anfang einer neuen Zeit lebte; nicht nur, weil er elegant zu schreiben vermochte, sondern weil er einfach schreiben mußte, weil im Schreiben seine Berufung bestand.

Im Schlußbrief hat Petrarca selbst auf zwei weitere Sammlungen hingewiesen, die im Kern noch auf die *Familiares* zurückgehen, *Sine nomine* und *Seniles*. Bei *Sine nomine* handelt es sich um 19 polemische Briefe gegen die Korruption der Kirche in Avignon im innerkirchlichen, moralischen und politischen Bereich. Abgefaßt zwischen 1342 und 1358 stehen sie ganz deutlich in der Nachfolge der Antike, diesmal von Juvenals und Horazischen Satiren. Diese Tradition erklärt die Vehemenz der Empörung, die Petrarca aus seiner sonst geübten Ruhe und eleganten Stillage trieb und zu teilweise grotesken Stilmischungen greifen ließ. Aus gutem Grunde erschien die Sammlung erst zehn Jahre nach Petrarcas Tod »ohne Namen« der Adressaten. Die Forschung mußte die Empfänger erst aus dem Text erschließen (s. Piur, 1925). An Rienzo sind die Nummern 2, 3, 4 und 7 gerichtet. Von Interesse ist Nr. 18, die Novelle von einem lüsternen Alten, der ein armes unschuldiges Mädchen nur verführen kann, weil er es mit seinem Kardinalshut einschüchtert. Brief 19 enthält eine Aufforderung an Karl IV. zur Romfahrt (übersetzt in EP, S. 95-107). Ob das Leben in Avignon wirklich so monströs war wie dargestellt oder ob es Petrarca durch die Brille der literarischen Tradition vergrößerte, kann nur der Historiker entscheiden. Jedenfalls hat Petrarca seine Polemik gegen die Kirche auch in *De sui ipsius* und in den *Canzoniere* aufgenommen (C 136-138: »Fiamma dal ciel«; »L'avara Babilonia«; »Fontana di dolore«). Die Protestanten haben nicht umsonst mit großer Genugtuung den Brief Nr. 18 als Streitschrift im Religionskampf verbreitet: »Das der Babst mit seinem Hoffe die rechte Babilon und Babylonische Hure sey« (anonym 16. Jahrhundert).

Die »Altersbriefe« (*Seniles*) fassen 125 nach 1361 verfaßte Briefe zusammen, die er seinem Freund Francesco Nelli (›Simonides‹) widmete. Sie sind nicht mehr so gut arrangiert wie die *Familiares*, da Petrarca die Zeit für eine Ausgabe letzter Hand fehlte. Erst in diesen Briefen an Boccaccio (VI, 2), an Nelli (I, 1), an Guido Sette (X, 2; deutsche Fassung in EP, S. 141-163) – mit einem Lebensrückblick, den er zur Vervollständigung durch Einschübe aus früheren Briefen erweiterte – (s. EP, S. 141), fand Petrarca offenbar aus seiner Rastlosigkeit zu größerer Gelassenheit und zu einem gewissen Gleichgewicht seiner widerstreitenden Seelentriebe. So eröffnet Petrarca *Seniles* I, 1 mit seiner unterschiedlichen Reaktion auf die Pest von 1348 und 1361; damals war es Trostlosigkeit und nun stoische Gelassenheit: »Multa michi tunc permisi que nunc nego. Spero non me flentem sternet amplius fortuna: stabo si potero, si minus, siccum sternet ac tacitum. Turpior est gemitus quam ruina...« (viel habe ich mir damals erlaubt, was ich mir jetzt versage. Ich erwarte, daß Fortuna mich nicht weinend niederstreckt; ich bleibe stark; wenn ich dem Schicksal nicht gewachsen, fällt es mich tränenlos und schweigend. Schändlicher ist das Gestöhne als der Ruin).

Posteritati (BN) sollte ursprünglich das 18. Buch der *Seniles* ausfüllen, da dieser Brief aber nie zum Abschluß kam, – der Lebensrückblick reicht nur bis 1351 – , wurde er nicht mit aufgenommen. Der Brief zeigt besonders klar, wie Petrarca seinem Leben als Dichterfürsten ein Denkmal setzte.

Die *Variae* umfassen 65 »gemischte Briefe«, die nicht in die obigen Epistolae aufgenommen worden waren und erst von Freunden und Schülern veröffentlicht wurden. Nicht alle gelten als Petrarcas Briefe (s. Eppelsheimer, 1926, S. 214), aber die 57 echten sind insofern interessant, als sie keine stilistisch überarbeiteten Kunstbriefe sind, sondern biographische Dokumente, die der Forschung Einblick in die bei den *Familiares* meist fehlenden Erstfassungen geben. Unter vielen heterogenen Themen ragen Nr. 35 (über den Tod seines Sohnes Giovanni) und Nr. 48 (an Cola di Rienzo) hervor.

Die *Epyistole Metrice* bestehen aus 66 Briefen in Hexametern, in den Jahren 1331-1354 verfaßt. 1350 hatte Petrarca die Idee, sie alle seinem Freund Barbato da Sulmona zu widmen (EM I, 1). Die ersten zwei Bücher sind chronologisch angelegt, das dritte ist nicht fertig geworden. Horaz mit seinen *Epistolae* lieferte das erste Modell. Wie dieser wählte Petrarca den Ton einer mittleren, nicht uneleganten Stillage unter Anklängen an Ovid und Vergil. Die Thematik ist etwa die gleiche wie in den *Familiares*, nur hat sich der Abstand zum gelebten Leben durch den Hexameter vergrößert: »nova mentis imago, voxque aliud mutata sonat« (neu das Abbild des Geistes, anders tönt die veränderte Stimme, EM I, 1). Hier klingt auch das Leitmotiv von Petrarcas Reifejahren an, in Analogie zum Eröffnungssonett des *Canzoniere*, wo das dichterische Ich aus der Retrospektive auf die Jugendsünden schaut: »Tempus edax minuit quem Mors extinxit amorem« (die gefräßige Zeit vermindert die Liebe, die der Tod auslöschte). Wie im *Canzoniere* schwankt die Sehnsucht zwischen Gott und weltlichem Ruhm. Gelungen sind die idyllischen Naturschilderungen von Vaucluse (I, 4; 6; 8; 10; 12), Mailand (III, 18), Selvapiana (II, 16), der Gruß an die italienische Heimat (III, 24) und »Ad seipsum« (I, 14).

1.2 Moralphilosophische Schriften

1.2.1 De vita solitaria

Dieser moralische Traktat wurde zum großen Teil schon 1346 in Vaucluse verfaßt, aber nach einer Zwischenstufe (1354) erst 1366 vorläufig abgeschlossen und Philippe de Cabassoles, Bischof von Cavaillon in der Nähe Avignons gewidmet. Noch 1371 fügte Petrarca einen Abschnitt über den heiligen Romuald hinzu. Das Manuskript befindet sich im Vatikan (cod. vat. lat. 3357).

Ursprünglich wollte Petrarca wohl nur einen Brief schreiben, woraus sich allmählich das Buch in zwei Teilen entwickelte (B I, 564). Aus dem Widmungsschreiben erhellt, daß es Petrarca keineswegs um eine rein akademische Abhandlung ging, sondern um ein Herzensanliegen seiner Existenz: »Quid vero nunc prius ex me speres, quam quod et in core semper habui, et ipse qui modo sub oculis est locus hortatur? solitarie scilicet otioseque vite precomium« (was könntest du anderes von mir erwarten als was ich immer in Herz und Mund gehabt habe, wozu mich der Ort selbst vor meinen Augen ermahnt? natürlich die Verherrlichung des einsamen und mußevollen Lebens, B I, 268). Wie in einem Spiegel könne man in diesem Werk den Geistesabdruck des Verfassers erkennen, der auf der Suche nach dem wahren Menschen sei (»humanitatem induere«, B I, 270).

Teil I besteht aus acht längeren Abschnitten, Teil II aus 15, wobei Petrarca zunächst den unglücklichen Stadtbewohner mit seinen Sorgen dem glücklichen Einsamen in der Muße der Natur – am Leitfaden des Tagesablaufes – gegenüberstellt. Daraus entwickelt Petrarca das Lob der freien Einsamkeit und die Verurteilung des Stadtlebens als eines sinnlosen Sklavendaseins (B I, 356).

Der zweite Teil bringt in Katalogform Exempel des einsamen Lebens aus dem Alten und Neuen Testament von Eremiten und Kirchenvätern bis zu den Päpsten seiner Zeit; ein weiterer Strang führt von den antiken Dichtern und Rhetorikern (Cicero) zu römischen Kaisern und Generälen (Scipio). Petrarca gibt zu, diese Serie von Beispielen könne ermüdend wirken, aber worauf es ihm ankomme, sei die Auseinandersetzung mit seiner eigenen Zeit, eine Kritik, die sich anhand der leuchtenden Beispiele aus Bibel und Geschichte leicht anschließen läßt und sich zu einem Exkurs über die politische Situation Europas verdichtet (B I, 460-475). Indem er antike Helden als Kontrastfiguren benutzt (u. a. Caesar, Augustus etc.), fragt er danach, was die zeitgenössischen Fürsten und Kaiser für die Befreiung Jerusalems und Italiens geleistet hätten (ebd., S. 460; 468-473). Was er darüber in seinem Leben erfahren oder gehört habe (»partium visa vel audita,« B I, 374), schlägt in Trauer um, aus der ihn nur seine Sehnsucht nach Freiheit und die Liebe der Muße befreit; damit tritt der Preis des einsamen Lebens im 2. Teil verstärkt in den Mittelpunkt. Petrarca spricht ab B I, 534 mit solcher Überzeugung von seinem Lebensideal, daß Katalog-Format und Abschweifung in Vergessenheit geraten, ja, Petrarca hat offenbar von Anfang an auf diesen Höhepunkt hingestrebt und eine Abrundung der gesamten Abhandlung erzielt, die er bei manch einem anderen Fragment gebliebenen Werk nicht erreichte. Amaturo (1974, S. 144) erkennt *De vita solitaria* sogar eine fast musikalische Einheitlichkeit zu.

Diese harmonische Anlage des Ganzen erfährt Unterstützung durch leitmotivische Wendungen des Autors an Freund und Leser sowie wiederholt anklingende Loblieder auf die Vorteile der Einsamkeit. Petrarca schreibt nicht für die Menge, sondern für wenige Gelehrte, die ein offenes Ohr für das kontemplative Dasein haben. Gleichsam wie Vergil nimmt er den Freund bei der Hand, um ihn an den rettenden Ort zu bringen (B I, 550). Leitfiguren aus Antike und Mittelalter stehen ihm zur Seite; die Ahnenreihe, auf die sich Petrarca immer wieder beruft, reicht bis zu Plato (B I, 500) und Plotinus zurück, dessen Tugendlehre Macrobius kommentierte (B I, 316-317), aber begreift auch Ciceros Pflichtenlehre, Senecas Stoizismus, Quintilians Redekunst (*Institutio oratoria*) und seinen geliebten Augustinus (*De vera religione)* ein. Mit Cicero identifizierte er sich derart, daß er glauben konnte, selbst einiges von ihm verfaßt zu haben (B I, 514). Jedoch alle antiken Zeugen überrage Christus: »Dulce autem michi fuit (...) his qualibuscunque literulis meis sepe sacrum et gloriosum Cristi nomen inserere« (es war mir süß, den heiligen und ruhmreichen Namen Christi häufig in mein unscheinbares Werk einzustreuen, B I, 564). Ein Christ nämlich brauche die antiken Cicero, Cato, Scipio etc. nicht, weil ihn sein Schutzengel und Jesus allgegenwärtig beschützten (B I, 326).

Zu Recht ist von der Forschung die Kernfrage gestellt worden, ob Petrarca hier als Katholik ein Buch religiöser Erfahrung vorgelegt habe oder ob er als humanistischer Laie spreche, dem es um weltliche Tugenden und Ruhm gehe (s. Castelli, 1969, S. 349-68). Es sieht jedoch so aus, als ob er der antiken Weisheit den Zugang zur absoluten Wahrheit letztlich abspricht: »sed sententiarum veris orba luminibus« (aber beraubt des wahren Lichtes der Ansichten, B I, 564). Eine Lösung bietet Petrarcas Auffassung vom einfachen Leben.

Danach unterscheidet er drei Arten von Einsamkeit: des Ortes, der Tageszeit und der kontemplativen Geistesverfassung (B I, 430). Man könne entweder Gott dienen, den eigenen Geist ausbilden und etwas für seinen Nachruhm tun oder alles zugleich versuchen (B I, 544). Jedenfalls dürfe die Muße nicht steril und sinnlos sein, sondern solle Beschäftigung, Bücher und Freunde einbegreifen (B I, 530-32). Voraussetzung für eine sinnvolle Tätigkeit in der Einsamkeit sei die Absage an das Leben in der Stadt und am Hofe mit den täglichen Zerstreuungen und der Jagd nach dem Geld. Nur so könne sich der Mensch ganz den gegenwärtigen Dingen widmen. Denn in der zu schnell verstreichenden Zeit biete die Gegenwart die einzige Sicherheit (»presens quod unum tuum est certumque«, B I, 372). Erst daraus entspringe die innere Geistesfreiheit, die die Einsamkeit in einen Ort schöpferischer Muße verwandele, Quell der Tugend, der Dichtung und der Kultur überhaupt. An diesem Ort setze der Kampf ein gegen die eigenen Laster (»nostri pectoris statum regendum ... suscepimus«, B I, 376) und die Korruption der Welt. Tugend und Studium tauchen daher häufig in fester Wortkombination auf (z. B. B I, 348).

Der ›locus amoenus‹ wird zur Stätte gelehrter Beschäftigung im wechselnden Rhythmus von Lektüre, Abhandlung über die antiken‹ Vorgänger (»legere quod scripserunt primi, scribere quod legant ultimi«, B I, 334) und Ort dichterischer

Inspiration (»impetum ingenii sequantur«, sie, die Dichter, folgen dem Impetus ihres Genies, B I, 342).

Muße, Studium und Dichtung gehen eine enge Symbiose ein, so daß Petrarca folgendes Prinzip aufstellt: »solitudo sine literis exilium est, carcer, eculeus; adhibe literas, patria est, libertas, delectatio« (Einsamkeit ohne wissenschaftliche Studien ist sicherlich Exil, ein Gefängnis, eine Tortur; füge die Studien hinzu, wird sie zum Vaterland, zu Freiheit und Vergnügen, B I, 306; s. Mazzotta, 1993, S. 160-61).

Mit einer polemischen Spitze wandte sich Petrarca bereits in der Widmung gegen scholastische Gelehrsamkeit ohne entsprechendes moralisches Verhalten. Scholastiker waren ihm die Gegner der Einsamkeit (B I, 268). *De vita solitaria* ist demnach Spiegel und Rechtfertigung seiner zurückgezogenen Existenz in Vaucluse an der Sorgue, Königin aller Flußquellen, Ort der Musen und der inneren Freiheit vor allem im Gegensatz zu Avignon. Diese Stadt wird ihm zum Sitz korrupter Päpste, Fürsten und Scholastiker, sie erregt seine Sorge um die Zukunft Italiens und des römischen Reiches.

Für sich selbst leben (»ita tibi et vivere et mori«, für dich leben und sterben, B I, 332) schließt sowohl Wachsamkeit für alle Vorgänge im Leben ein (»stare interim velut in specula«, wie auf einem Wachturm sein, B I, 332) als auch das ›hohe Geistergespräch‹ mit berühmten Vorfahren (»colloqui cum omnibus, qui fuerunt gloriosi viri«, ebd.).

Das hier aufgestellte Ideal vom einfachen Leben liefert demnach eine klare Antwort auf die Frage, ob Petrarca etwa aus religiöser Sehnsucht die Nachfolge Christi angetreten habe. Er behauptet zwar, nach Jesu strebe sein Herz, worum es ihm aber in diesem Werk geht, ist das kontemplative Dasein eines produktiven Humanisten in der Natur, ohne Lärm, Zwänge und Störungen und ganz der Ausbildung seiner selbst gewidmet, die ohne das Studium der Alten nicht möglich sei. Erst die harmonische Verbindung von Antike und Christentum ergibt also ein rechtes Bild vom christlichen Humanismus Petrarcas (s. Gerosa, 1966, S. 137-155).

1.2.2 Mont Ventoux und *Secretum*

Petrarcas *Secretum* hat eine brisante Vorgeschichte bzw. Vorstufe in dem berühmten Brief F IV, 1 über die von ihm behauptete Bergbesteigung des Mont Ventoux, adressiert an Francesco Dionigi da Borgo San Sepulcro, der ihm 1333 Augustins *Confessiones* geschenkt hatte. Angeblich fand der Aufstieg am 26. April 1336 statt, zehn Jahre nach seiner Abreise aus Bologna, als Petrarca genau so alt war wie Augustin nach seiner Bekehrung. Das gewählte Datum hat also offenbar symbolische Bedeutung. Angeregt von einem antiken Beispiel – Philipp V. von Mazedonien auf dem Mons Haemus in Thessalien (Livius, Dekade XL, 21, 2) – machte sich Petrarca tatsächlich oder nur in der Fiktion (s. Billanovich, 1976, S. 456) mit seinem Bruder aus der »Begierde, die ungewöhnliche Höhe dieses Flecks Erde durch Augenschein kennenzulernen« (EP, S. 80), auf die Wanderschaft: Gerardo »auf einem Abkürzungspfade geradeswegs auf das Bergjoch zu zur Höhe, ich dagegen, der ich weichlicher bin, wendete mich nach unten«(S. 82), irrte durch die Täler, weil er es bequem haben wollte und geriet statt dessen in Schwierigkeiten.

Die Darstellung der erhabenen Bergwelt um ihrer selbst willen scheint bis zu diesem Punkte im Vordergrund zu stehen, was manche Forscher dazu verleitet hat, Petrarca als den ersten Bergsteiger und Naturfreund der Neuzeit zu bezeichnen: Er »sah nun wirklich das, was zu sehen ich hergekommen war (...) sehr klar zur Rechten die Gebirge der Provinz von Lyon, zur Linken sogar den Golf von Marseille (...). Die Rhone lag mir geradezu vor Augen« (ebd., S. 86).

Das sieht alles so anschaulich aus, daß man kaum glauben kann, Petrarca habe alles aus den Fingern gesogen. Deshalb hat Hans Baron auch »Einwände gegen eine radikale Leugnung von Petrarcas Wahrhaftigkeit« erhoben (1976, S. 383). Offenbar hat Petrarca an eine reale Besteigung angeknüpft, um seine Schilderung darauf für allegorische Zwecke auszuwerten; und zwar hat er nicht nur Höhenweg und Talwanderung als Lebenslauf der zwei Brüder Gerardo, des späteren Mönches (1343), und Francesco gedeutet, sondern darüber hinaus den Akzent schon vor Erreichen des Gipfels auf das

»Schlachtfeld« (EP, S. 85) seines inneren Lebens gelegt. Im Tale »schwang ich mich auf Gedankenflügeln vom Körperlichen zum Unkörperlichen« (S. 83) und meditierte über den Übergang von der wirklichen Wanderung zur Pilgerreise aus »den Talgründen der Sünde zur Höhe des seligen Lebens« (S. 83-84). Es brach eine Schlacht aus, »wer herrschen soll von den beiden Menschen in mir« (S. 86), der am Irdischen hängende oder zur Gotteserkenntnis strebende Francesco.

Da dachte er plötzlich an das »faustfüllende Bändchen allerwinzigsten Formats« (S. 87), das er immer bei sich trug, Augustins *Confessiones*, und er warf zufällig den Blick auf eine Stelle, die ihn fesselte:

»Et eunt homines admirari fluctus maris et latissimos lapsus fluminum et oceani ambitum et giros siderum, et relinquunt se ipsos.«

(Und es gehen die Menschen zu bestaunen die Gipfel der Berge und die ungeheuren Fluten des Meeres und die weit dahinfließenden Ströme und den Saum des Ozeans und die Kreisbahnen der Gestirne und haben nicht acht ihrer selbst; EP, S. 87)

Petrarca war sich durchaus bewußt, wie sehr er in der Nachfolge Augustins sein Auge nach innen wandte: Es sei töricht, »außerhalb [zu] suchen, was innen zu finden gewesen wäre« (S. 88). Ähnlich hatte Augustin bei der Lektüre der Apostelbriefe den Blick vom Irdischen ab und der religiösen Introspektion zugewandt (*Confessiones* VIII, 12). So entstand bei Petrarca, im Wetteifer mit den klassischen Vorbildern Livius, Augustin und auch Seneca (*Ad Lucilium* 8, 5), sein eigener höchst kunstgerecht komponierter Brief nach einer Bergbesteigung, bei der die Begegnung mit Augustin im Mittelpunkt steht, mit dem Unterschied, daß Augustin zur religiösen Umkehr fand, während Petrarca auf dem Schlachtfeld widerstreitender Seelentriebe blieb: »amo, sed quod non amare amem, quod odisse cupiam« (ich liebe, aber das, was ich lieber nicht liebte, das, was ich zu hassen wünschte, IV, 1; EP, S. 85). Petrarca beruft sich also auf Augustin und schafft gleichzeitig einen Gegenentwurf zu ihm, ja, mit Andreas Kablitz läßt sich in dem geschilderten Seelenkonflikt bereits der Weg des neuzeitlichen Denkens ablesen zwischen Glauben und Zweifel, Selbsterhöhung und Selbstverlust, zwischen Ermächtigung des stolzen Dichters und der Entmächtigung des Ichs, das an der Welt, Gott, den antiken Autoritäten und an sich selbst zweifelt, wie es Luther und noch Descartes nacherleben sollten (1994, S. 68; zu Petrarcas gelegentlichem Gotteszweifel s. auch F VIII, 7: »postquam hic esse desierimus, quid futuri sumus?« Wenn wir hier aufhören zu existieren, was wird danach aus uns?). Wann er den Brief tatsächlich verfaßte, ist umstritten. Es muß nach Gerardos Eintritt ins Kloster 1342 gewesen sein, auf Grund thematischer Bezüge zum *Secretum* aber wohl erst 1353! (Billanovich, 1966).

Das *Secretum* heißt auch *De secreto conflictu curarum mearum* sowie *Liber maximus rerum mearum*; *Secretum meum* und *De contemptu mundi*, auf deutsch: »Vom geheimen Konflikt meiner Herzenssorgen« und »Gespräche über die Weltverachtung« (Auszüge in Heintze; Gesamtübersetzung in Hefele, 1910, S. 13-124; cod. Laurenziano 1342 XXVI, sin. 9; Inkunabel Straßburg 1472; es fehlt eine kritische Ausgabe). Wie aus dem Text hervorgeht (B I, 176), entstand diese Dialogdichtung nach dem Tode des Augustinermönches Dionigi da Borgo San Sepolcro und des Königs Robert von Neapel sowie nach der Geburt seiner Tochter Francesca und Gerardos Eintritt ins Kloster, also nach 1342. Nach Rico (1974, S. 455) kam die Erstfassung erst 1347 zustande, eine Zwischenstufe 1349 und die Version letzter Hand 1353. Als sein »Geheimbuch« hatte Petrarca es nicht zur Veröffentlichung bestimmt, und es blieb deshalb auch bis nach seinem Tode unbekannt. Nicht nur, weil es eines der wenigen abgeschlossenen Arbeiten darstellt, gilt das *Secretum* als Meisterwerk, sondern weil Petrarca dem Leser in der geistigen Begegnung mit Augustin Einblick in seine seelische Verfassung, d. h. in das ständige Ringen um sein Selbst- und Weltverständnis gewährt.

Im Anklang an antike (Boethius, *De consolatione philosophiae*) und mittelalterliche Allegorien (s. noch das dafür typische Buch von Christine de Pisan, *La cité des dames*, ca. 1400) eröffnet Petrarca sein Werk mit der Vision einer stattlichen Jungfrau, der ›Wahrheit‹, die ihn während einer kontemplativen Stunde besucht und zu einem dreitägigen Gespräch mit dem um Hilfe herbeigerufenen Augustinus einlädt. Diese Unterhaltung umfaßt über drei Bücher und schwankt zwischen Beichte und Strafpredigt, da Augustinus, alter ego von Franciscus, als gestrenger Beichtvater des Sünders und Büßers auftritt. »Errores tuos miserata« (aus Mitleid über deine Fehltritte, B I, 44) hat sich die Wahrheit Augustinus geholt, um Franciscus aus seiner »pericolosa et longa egritudine«, seiner gefährlichen und alten Krankheit zu erlösen (B I, 48).

Warum gerade Augustinus? Nun, weil er eine ähnliche Krise durchlebt hatte und darum als Seelenarzt bestens geeignet sei (ebd.). Augustinus gibt später zu, dasselbe wäre ihm passiert (»hoc et michi contigit«, B I, 136), und Franciscus meint, er habe die *Confessiones* gelesen »non alienam sed propriam mee peregrinationis historiam« (nicht als die Geschichte eines anderen, sondern die der eigenen Pilgerschaft, S. 68). Eine starke Affinität besteht zwischen den zwei Stimmen in Petrarcas Brust, Augustinus, Stimme des Gewissens und Franciscus, Stimme der irdischen Liebe. Nach Francisco Rico läßt sich Augustinus auch als der um zehn Jahre ältere Petrarca von 1353 gegenüber dem jüngeren der Entstehungszeit des *Secretum* von 1343 deuten (Rico, 1974).

Die drei Bücher behandeln nacheinander erstens die Analyse von Franciscus' »Krankheit zum Tode« (s. »egritudine ... que eo propinquior morti est«, eine Krankheit, die ihm um so schneller den Tod gibt, B I, 48); zweitens, Franciscus' Leben im Spiegel der sieben Todsünden oder Laster und drittens seine sogenannten ihn »rettenden« Tugenden, die Liebe zu Laura und das Streben nach Ruhm.

Augustinus liefert folgende Diagnose der Krankheit: sie bestehe in einem planlosen Fluktuieren ohne geistige Mitte (»nusquam integer, nusquam totus«, nirgends gesund und ganz, S. 96), einer Art Willensschwäche, die er theologisch als *accidia*, Weltschmerz deutet, einer »funesta ... pestis animi« (einer unheilvollen Seelenpest, B I, 140), die Petrarca narzißtisch auskostete (»lacrimis et doloribus pascor«, ich weide mich an Tränen und Schmerzen, S. 142). Diese Krankheit äußere sich in »intestina discordia« (B I, 96), in Lebensüberdruß und Unfähigkeit, den Willen in die Tat umzusetzen. Augustinus' Rat dazu lautet: memento mori! und er fügt die Forderung an die Seele hinzu, aufzusteigen zu Gott (B I, 60).

Von seinem Beichtvater erwartete Franciscus Heilung, ja Lebenshilfe, hatte er doch in einer ähnlichen Lebenskrise den rechten Weg gefunden und konnte nun sein Vorbild sein. Vor allem, und das macht dieser Ratschlag deutlich, galt er ihm als Vermittler antiker Philosophie, der Stoa und Platos, und ihrer Synthese mit dem Christentum. Franciscus wirft Augustinus vor, vom Standpunkt stoischer Rationalität aus zu argumentieren (B I, 58; 72); zu Recht, denn Augustinus zitiert Seneca häufig (u. a. *De tranquillitate animi*, S. 158). Eppelsheimer drückt es so aus: Petrarca suchte nicht den Theologen Augustin, sondern den »Stoiker, dem Sünde nicht Verfehlung gegen Gottes Gebot und Verbot, sondern die der menschlichen Glückseligkeit unzuträgliche und daher dem Weisen nicht geziemende Leidenschaft ist« (1926, S. 73).

Gleichzeitig war Petrarca an Augustin als Platoniker interessiert, der bei Plato einen großen Teil des christlichen Glaubens bereits vorgefunden hatte (F II, 9). Darauf basiert der zweite Ratschlag, nämlich die Seele aus dem Gefängnis des Leibes und der Lust zu befreien und zur Erkenntnis des Göttlichen vorzustoßen (»agnitio divinitatis«, B I, 138). Kaum verwunderlich, daß Petrarca nicht nur an Senecas und Ciceros (*De amicitia*, B I, 50), sondern auch an Platos Dialoge anknüpfte und ›sein‹ Augustinus im Laufe des Gesprächs auch in der Methode an Sokrates und dessen Mäeutik, die Hebammenkunst des Fragens und Antwortens gemahnt, drängt er Franciscus doch ständig zur Selbsterkenntnis; z. B.:«Ut certius credas conscientiam ipse tuam consule« (Um sicherer zu sein, befrage selbst dein Gewissen) oder: »Proficimus aliquantulum« (wir haben einen kleinen Fortschritt gemacht, B I, 70). Augustinus führt die Seelenprobe durch, und Franciscus erkennt gegen Schluß, wohin er geleitet worden ist (»quo me sensim deduxeris, cerno«, B I, 149).

Augustinus funktioniert als sokratischer Mentor und gestrenger Richter, der sich von Franciscus nichts vormachen läßt, vielmehr mit ihm ins Gericht geht, weil Franciscus sich nicht stark genug fühlt, dem Kirchenvater auf dem Wege religiöser Erleuchtung zu folgen. Er sei eher an dem horazischen goldenen Mittelweg interessiert (B. I, 150), d. h. zugleich, daß er für ein so hohes Ideal nicht alles aufopfern kann. »Humana gloria« (B I, 238) sei für ihn das Entscheidende, und deshalb könne er auch nicht leichten Herzens seine mühevoll erarbeiteten, aber noch halbfertigen Werke einfach aufgeben (ebd.). Die Stimme seiner Seele, Augustinus, sieht darin nur Narzißmus (B I, 108), statt Selbstgewinn nur Selbstverlust (»te ipsum derelinquere«, I 250).

Echos auf die Bergbesteigung des Mont Ventoux klingen an, wenn Augustinus ihm vorwirft, seinen Ehrgeiz auf Nebenwegen (»obliquo calle«, B I, 130) frönen zu wollen. Darum ragt unter den sieben Lastern der Hochmut des Gelehrten hervor, seine Selbstsucht, seine humanistische Ambition (»studia, quorum ... finis est gloria«, ebd.): Augustinus' Mahnung stellt eine Variation dar auf das entscheidende Buchzitat der auf dem Ventoux aufgeschlagenen *Confessiones*: »Quanquam vel multa nosse ... vobis estis incogniti?« (was ist der Nutzen sogar viel zu wissen ..., wenn ihr euch selbst unbekannt?, B I, 102 f.).

An einer späteren Stelle nimmt Franciscus die Bergsteigerallegorie noch deutlicher wieder auf, fragte ihn Augustinus doch, wie er vom Tugendpfad abgekommen sei und den Weg ins Tal gewählt hätte: »dextrum iter tenera non potui« (den rechten Weg habe ich nicht erreichen können, B I, 190). Der Grund dafür liege nicht nur an seinem Dichterehrgeiz, sondern vor allem an seiner Liebe zu Laura.

Im dritten Buch wird Franciscus' Beziehung zu Laura einem strengen Verhör unterzogen: »quando illius tibi primum mulieris species visa est?« (wann erschien dir zum ersten Mal die schöne Gestalt dieser Frau?, B I, 192). Die Antwort des zerknirschten Franciscus lautet: »Profecto et illius occursus et exhorbitatio mea unum in tempus inciderunt« (wahrlich, sowohl jene Begegnung als auch mein Abrutsch auf die schiefe Bahn passierten gleichzeitig, B I, 192). Dieses Eingeständnis fällt Franciscus um so schwerer, als die Liebe zu Laura bis dahin vermeintlich zu dem verklärten, tugendhaften Teil seiner Seele gehörte (B I, 170). Laura war, so hatte er gemeint, der Grund seiner Existenz gewesen, sie war seine Führerin zu Tugend und Ruhm (»dux viarum omnium«, Führerin auf allen

Wegen, B I, 184), mit einem Wort: »me, quantulumque con-
spicis, per illam esse«, das wenige, was du siehst, bin ich durch
sie, S. 182).

Augustinus' Gegenattacke läßt nicht lange auf sich warten:
Ihre göttliche Schönheit und Tugend entschuldigten nicht seinen Irrtum (B I, 181). Diese Frau habe ihn ruiniert; statt ihn
zu befreien versklavt. Z. B. denke er nur an die ewigen unsin-
nigen Wortspiele mit Laura und Lorbeer (Laurea, lauro, laura,
B I, 198). Zweifach habe sie ihm den Weg verbaut, einmal,
indem sie seine weitere Entwicklung (»amplius esse«, B I,
184) abgeschnitten, zum anderen habe sie ihm den Zugang
zur Liebe Gottes verstellt, weil er sein Geschöpf (»artificem«,
I, 186) mehr geliebt als Ihn.

Hinter dem Urteil klingt der verbreitete Vorwurf der mittelalterlichen Kirche gegen die Blasphemie der Stilnovisten
und Troubadoure auf. Franciscus muß sich geschlagen geben
und am Ende noch einmal eine Zusammenfassung der Vor-
würfe über sich ergehen lassen. Schließlich biete ja auch ein
liebender Greis (senex amans) ein lächerliches Schauspiel für
das Volk (I, 225; 228). Am Ende führt Augustinus das Gespräch wieder an den Anfang zurück mit seiner Mahnung:
»Gedenke des Todes«.

Franciscus hat an Einsicht gewonnen, hat aber nur die
Hoffnung – noch nicht den Besitz der Gnade –, sich aus den
Stürmen seiner zwiespältigen Seelenwünsche befreien zu können. Die Liebe zu Laura scheint in den Hintergrund getreten
zu sein, jedoch nicht das Studium der Alten und seine unvoll-
endeten Bücher (*De viris; Africa*, s. B I, 259). So ist er nicht
imstande, die von Augustinus geforderte Einheit von Wille
und Tat in die Praxis zu überführen. Der gelehrte Franciscus
weiß es zwar besser, aber er wird weiterhin an Willensschwäche und Selbsttäuschung leiden. Für Petrarca bestand offenbar
der einzige Ausweg aus seinem inneren Konflikt im Schreiben,
darin liegt auch die Bedeutung des *Secretum* als eines einzigar-
tigen psychologischen Zeugnisses seiner Zeit.

Petrarcas Leben hatten wir als Paradigma einer humanistischen Existenz interpretiert (s. Kap. II.1), nun erhellt aus diesem Gespräch über die Weltverachtung auch mehr als die rein
subjektive Situation Petrarcas, nämlich die von ihm exempla-

risch vorgelebte Schwellensituation zwischen Mittelalter und Renaissance mit dem Aufeinanderprallen religiöser und säkularer Werte:

»In einem merkwürdigen Zwiespalt seiner geistigen Persönlichkeit glaubte Petrarca einerseits, an der Schwelle eines neuen besseren Zeitalters zu stehen, andererseits in einer Welt zu leben, deren Ende unmittelbar bevorstand (...). Der bei Petrarca zu beobachtende unterschwellige Pessimismus ist ein Aspekt des Humanismus, welcher, verdeckt durch die einseitige Vorstellung einer nur optimistisch gesonnenen Renaissance, häufig übersehen wird.« (Buck, 1991, S. 290-91)

Und noch ein Weiteres läßt sich angesichts des *Secretum* feststellen: Nicht nur in der Begegnung mit den antiken Autoren (z. B. Cicero), sondern auch im Gespräch mit dem nachklassischen Augustin suchte Petrarca den in seiner Gegenwart mangelnden lebenspraktischen Bezug. Augustinus selber kämpft um die Überwindung von Willensschwäche und Lebensüberdruß (accidia), sagte er doch deutlich: »Quid multa nosse profuit, si ea necessitatibus tuis accomodare nescivisti?« (was nützt es viel zu wissen, wenn du es nicht zur Lösung deiner Not verwenden kannst?, B I, 214). Da gäbe es ja eine Menge schändlicher Gelehrter, die in den Schulen viel über die Lebenskunst (»ars vivendi«, S. 158) theoretisieren, ohne das Wissen in die Praxis umzusetzen. Und dazu war Augustinus erschienen, Franciscus zu zeigen, wie er seine vielfältige Lektüre »in salutatem tuam vertenda« (zu seinem Heil anwenden, S. 202) könne. Dieser Augustinus hat allerdings wenig mit dem historischen Kirchenvater Augustin gemein, da Petrarca ihn für seine Zwecke vom christlichen Lehrer des Sündenfalls zum Kronzeugen rationaler antiker Kultur umgedeutet hatte (s. Heitmann, 1960).

Darüber hinaus besteht kein Zweifel, daß Petrarca in seinem *Secretum* viele Dinge psychologisch betrachtet hat, die er in den *Trionfi* auf allegorische und im *Canzoniere* auf poetische Art, in *De vita solitaria* und *De otio religioso* auf theoretische Weise behandelt. Streckenweise liest sich das *Secretum* wie ein laufender Kommentar zu den Aufschwüngen und Abstürzen der Dichterseele im *Canzoniere*, angefangen beim Sonett 1 »Voi ch' ascoltate«.

1.2.3 *De otio religioso*

Dies Werk, gelegentlich auch *De otio religiosorum* (Von der Muße der Mönche) genannt, begann Petrarca nach einem Besuch bei seinem Bruder Gerardo in der Kartause von Montrieux (1347, s. F XVI, 8; 9; 11; S XV, 5), dem er auch diesen Titel widmete. Nach einem zweiten Besuch (1353) kam eine stark veränderte und erweiterte Fassung zustande (cod. vat. urbinate lat. 333, 1357; Inkunabel Utrecht 1473). Petrarca nimmt selber auf das ein Jahr früher begonnene *De vita solitaria* (ab 1346) Bezug und.hebt die Affinität in Gehalt und Stil hervor (B I, 582). Es handelt sich also um ein Gegenstück aus der ursprünglichen Absicht heraus, den Mönchen, »felix Cristi familia« (den seligen Dienern Christi, 569), zu danken für den schönen Aufenthalt im Paradies: »veni ego in paradisum, vidi angelos Dei in terra et in terrenis corporibus habitantes« (ich kam ins Paradies und sah die Engel Gottes auf Erden und in irdischen Körpern wohnend, ebd.).

Ausgangspunkt und Leitmotiv ist der 46. Psalm Davids: »Vacate et videte« (Vers 11: »Seyd stille und erkennet, daß ich Gott bin«; B I, 572). Petrarca preist das Klosterleben als Gegenideal des humanistischen Gelehrtendaseins, da sich der Mönch in seiner Muße, getrennt vom Lärm und den Versuchungen der Welt, ganz der Kontemplation Gottes widmen könne; in der Einsamkeit allein sei es möglich, den Weg zur ewigen Wahrheit zu finden und selig zu werden (»gaudende de veritate«, sich der Wahrheit zu freuen, nach Paulus, Korinther 13, 6; B I, 578).

Dabei denkt Petrarca durchaus nicht an leere Langeweile: »otio etenim est opus non resoluto et inerti atque enervante animos, sed strenuo et, quod maximum vestrum est, religioso et pio« (Muße ist nämlich kein schlaffes, träges Werk, das die Seele ermattet, sondern anstrengend, und wie es vor allem euch gebührt, heilig und fromm, B I, 668). »Otium agite« (ihr verrichtet eure Muße, ebd.) meinte bereits Augustin in *De vera religione* (Kapitel 30), d. h. er verlangte den bewußten Aufstieg des Meditierenden zur ewigen Ruhe. Die Mönche lebten schon jetzt so, als seien sie aus dem Gefängnis des Leibes entflohen (B I, 716). Sie hätten ihren Frieden in der Welt gefunden, während die anderen Menschen nur Mühe und Arbeit hätten. Und dies ist das zweite durchgehende Leitmotiv des Werkes: der ständige Kampf gegen das Böse und die Verlockungen des Teufels (B I, 670; 738). Daraus entwickelt Petrarca den Kontrast zwischen dem Eingangsbild vom himmlischen Jerusalem des Klosterlebens und dem eitlen Weltleben der Hure Babylon. Der Fluß Babylon bezeichnet geradezu »lapsum rerum presentium« (B I, 726), die Hinfälligkeit der Dinge dieser Welt, u. a. Liebe und Ruhm. Das Dichterwort soll Unsterblichkeit verleihen? Wie doch: »illa divinitas, que doctissimos homines splendore nominum captos, scientes prudentesque sacrilegi erroris in foveam traxit« (jene Gottheit zieht in den Graben blasphemischen Irrtums die gelehrtesten Menschen, die sich geblendet vom Glanze des Ruhmes klug und weise dünken, I, 756 f.).

Und die Liebe? »Delicatissima res est amor ille carnalis« (ein süßes Ding ist jene Fleischeslust, B I, 728), aber es verrate absolute Blindheit, wegen dieses kleinen Vergnügens die Süße der göttlichen Liebe (»divini amoris dulcedo«, 774) zu verachten. Das sei nur ein Beweis für den Wankelmut des Menschen, worin sich die Unbeständigkeit der Welt spiegele.

Darum klingt im letzten Teil ein drittes Leitmotiv auf: das von der Eitelkeit aller irdischen Dinge. Schließlich steigert es sich zur Litanei von »Ubi sunt« (B I, 708-712) , und das Gespräch mit den Mönchen geht in ein »Memento mori« über (»Omnia in vermes ...«, alles geht in Würmer über, B I, 712), was als Ansporn zur Seelenrettung zu verstehen ist.

Was dem heutigen Leser als zutiefst mittelalterlich vorkommt, ist dieser von Gelehrsamkeit strotzende überlange Entwurf eines weltabgeschiedenen religiösen Lebens. Petrarca führt zahllose Beispiele aus Antike und Patristik an, um sein Thema zu bearbeiten. Typisch für sein oft summierendes Verfahren ist die Reihung von Exempeln und Zitaten etwa nach dem *dicitur*-Prinzip (B I, 588-598). Dieser etwas ermüdenden Verfahrensweise muß sich der Dichter bewußt geworden sein, weil er zugibt, nicht gleich alle Dinge in einem Band besprechen zu können, vielmehr manches auf ein späteres Werk verschieben zu müssen (Hinweis auf *De remediis?*, B I, 654). Er weiß außerdem genau, daß sich die »conditio hominis« (B I,

658) in ihrer ganzen Misere (»miseria«, ebd.) gegebenenfalls auch gut ohne Zuflucht zu Büchern und alten Meistern darstellen ließe (»sine libris, sine cuisquam admonitione«, ebd.). Aber er kann es nicht lassen, tausende von Zitaten zu mischen, ein typischer Vorgang bei Petrarca, der antike Weisheit und christliche Wahrheit zu einem christlichen Humanismus synkretisch verbinden wollte.

Damit ist die Frage nach der Bedeutung und Stellung dieses Werkes im Gesamtschaffen Petrarcas gestellt, insbesondere nach der Rolle dieses christlichen Humanismus in seinem Leben. Denn die Lektüre von *De otio religioso* wird erst interessant, wenn man das Buch als Bruchstück einer großen Konfession liest, als ideales Selbstporträt beim Entwurf des mönchischen Fremdporträts. Petrarca schreibt als weltweit geehrter Dichter (s. den Titel: »Francisci Petrarce poete laureati ...«), als Mitbewohner des babylonischen Avignon (B I, 706), der die Pest überlebt hat, während Laura gestorben ist (über die Pest und das Erdbeben von Basel als Strafe Gottes s. B I, 651) und der sich nun unter dem Einfluß seines Bruders nach dem wahren Leben der Seele sehnt. Darum stimmt er immer wieder Lobeshymnen auf die Mönche an, die so ganz von aller Last des Daseins befreit seien (B I, 588) und nicht wie er den Seelentod fürchten müssen, hatte er doch zeit seines Lebens den Konflikt zwischen weltlichen und geistlichen Wünschen auszuhalten und ihn nicht überwinden können (s. dazu auch seinen Brief an ›Socrates‹ F X, 2 sowie an Gerardo F X, 5).

Nun hat sich aber das große Wunder ereignet: »Certo ego, qui peccatorum vinclis in mundo velut in carcere adhuc sum« (ich, der noch durch die Ketten der Sünde im Kerker der Welt weilt, B I, 706) und sich seiner Schwäche sehr wohl bewußt ist (I, 678), ihm hat sich nach vielen Irrtümern und spät im Leben (»sero, iam senior«, spät, schon Senior, B I, 802) das rettende Tor aufgetan. Gott sei gedankt, der ihm die Augen geöffnet habe (»Ille gratias qui michi oculos aperuit«, ebd.).

Auf dem Höhepunkt des Buches behauptet Petrarca, jedenfalls »nullo duce« (ohne Führer, B I, 802) den rechten Weg gefunden zu haben und sodann auf Augustins Konfessionen gestoßen zu sein, weshalb er einen Hymnus auf seinen Mentor anstimmt: »Ille me primum ad amorem veri erexit« (er war es, der mich zuerst zur Liebe der Wahrheit ermutigte, B I, 802). Es sieht so aus, als ob Franciscus den Rat Augustinus' (*Secretum*, B I, 60 et al.), des Todes zu gedenken und sich eines Besseren zu besinnen, tatsächlich zu Herzen genommen habe, ja sogar in die Rolle von Augustinus geschlüpft sei, um die Welt und sich selbst zu ermahnen: »Cogitet secum quisque, siquid virtuose gessit in vita« (jeder bedenke, ob er im Leben tugendhaft gehandelt habe, B I, 724).

In diesem Werk spiegelt sich nicht nur die Besteigung des Mont Ventoux mit den zwei getrennten Wegen der Brüder zum Gipfel – deutlich schildert Petrarca seinen zögernden Aufstieg (B I, 804) und setzt davon den geraden Weg Gerardos ab –, sondern Petrarcas Entscheidung für diesen Lebensweg. Darin besteht nun der große Unterschied gegenüber *De vita solitaria*: Es geht Petrarca nicht mehr bloß um die Absonderung des Geistesmenschen vom Lärm der Welt um der Pflege der humanistischen Wissenschaften willen, sondern hier vollzieht er trotz des augenscheinlichen Synkretismus der heidnischen und der christlichen Quellen eine bewußte Abkehr vom Studium der Antike, und zwar im Namen von Augustins Glaubensposition. Von langer Hand vorbereitet durch die Konfrontierung von Welt- und Klosterleben löst sich Petrarca in einer entschiedenen Kehrtwendung von den »philosophi gentium« (den heidnischen Philosophen, B I, 788), indem er Augustin das Wort gibt: »homines humane scientie locupletes, divine inopes nec virium suarum satis memores ista fabulantur« (Menschen gut ausgestattet mit menschlichem, arm an göttlichem Wissen und nicht die eigenen Kräfte richtig einschätzend fabeln sie darüber, *De vera religione*, zitiert B I, 790).

Im Vergleich mit den heiligen Schriften (Bibel und Kirchenväter) verlieren die antiken Autoren an Bedeutung, die vorher für so großartig gehalten wurden (B I, 806). Die antiken Götter haben sich als sterblich (B I, 770) oder gar als Dämonen (B I, 796) erwiesen. Zugegeben hat Petrarca in diesem Text nur einen Punkt der Übereinstimmung zwischen antikem und christlichen Denken, nämlich das Postulat der Beherrschung der Libido durch die Vernunft (B I, 730). Ansonsten könne man auf Plato, Cicero, Seneca usw. (B I, 778) gut verzichten, da sie die Kluft zwischen Himmel und Erde nicht so wie Christus haben überbrücken können und dadurch den Weg zur ewigen Wahrheit, zur Seligkeit und Gnade Gottes verfehlt hätten. Ähnlich verfährt er mit den antiken Schriftstellern in *De sui ipsius* und *Invectivá contra eum qui maledixit Italie* (s. B II, 1070 und 1236).

So bricht Petrarca letztlich die Brücke zwischen der antiken Kultur und der christlichen Glaubenswelt ab, an deren Bau er maßgeblich beteiligt gewesen war. Gelegentlich geht seine Kritik an der Antike sogar in Hohn über: »Crediderunt illi quidem humano studio virtutem queri, virtute felicitatem« (jene glaubten, eine gewisse Tugend durch menschliches Streben, die Seligkeit mit Hilfe der Tugend zu erzielen, B I, 782). Was für ein Hochmut! (B I, 786; s. Petrarcas Spott bereits B I, 660: »audite Plato, Aristotiles, Pithagoras...«). Zu ihrer Entlastung weiß er nur zu sagen, daß es nicht ihre Schuld gewesen sei, zu einem verfrühten Zeitpunkt gewirkt zu haben: »neque culpa vestra neque meritum nostrum sed Domini favor solis« (nicht eure Schuld noch unser Verdienst, sondern allein Gottes Gnade, B I, 780).

Petrarcas Kritik richtet sich folgerichtig auch gegen sich selbst, denn was er früher verachtet hatte (heilige Schriften, B I, 804), stellt sich jetzt als der wahre Weg heraus, und wo er vorher die Prinzipien der antiken Philosophen entschuldigt hatte, erkennt er nun seinen eigenen Beitrag zur Vergrößerung der moralischen »Misere« an, die auf den Grundlagen einer täuschenden Glückseligkeit (»falsa felicitas«, B I, 786) beruhe.

Hat Petrarca seine Seele gerettet, indem er diese klare Position bezogen hat? Man sollte es glauben, aber im Schlußsatz reißt er nach der offenbar erfolgreichen Selbstidentifizierung mit dem paradiesischen Leben der Mönche den Abgrund zwischen Theorie und Praxis wieder auf: »pro me flete« (weinet für mich, B I, 808), d. h. er ist sich der großen Distanz zwischen Wort und Tat bewußt. An anderer Stelle sagt er es noch deutlicher: »Salvare ille potens est: ego salvari nequeo« (Er kann retten: ich kann mich nicht selber retten, B I, 626). Ähnlich wie später Luther im Turm des Wittenberger Klosters kann er feststellen: »Deus quidem optimus, ego autem pessi-

mus« (Gott ist die Güte, ich aber bin sehr schlecht, B I, 624),
ohne aber den Sprung in den Glauben zu wagen. Er ist unfä-
hig, die Gnade Gottes anzunehmen (»me non capacem«, B I,
626). So reiht sich dieses Werk an die Seite jener anderen
(*Canzoniere, Trionfi, Secretum* etc.), in denen Petrarca seinem
gelegentlichen Drang nach Askese gehuldigt hat und doch in
der Widersprüchlichkeit der Zeit verharrt ist.

1.2.4 *De remediis utriusque fortunae*

Das letzte, diesmal auch abgeschlossene und nach Rudolf
Schottlaender (*Heilmittel,* 1988, S. 36) einflußreichste moral-
philosophische Werk entstand zwischen 1353 und 1366 mit
einer Widmung an Azzo da Correggio (Inkunabel Strabburg
1474). Ins Deutsche übertragen von Peter Stahel und Georg
Spalatin erschien es unter der Mitwirkung von Sebastian
Brant zusammen mit den Illustrationen des anonymen ›Petrarca-Meisters‹ zuerst 1532 als *Von der Artzney bayder Glück,
des guten und widerwertigen, unnd wess sich ain yeder inn Ge-
lück und Unglück halten soll* (in späteren Auflagen als *Trostspiegel in Glück und Unglück* bekannt; Faksimile ediert von M.
Lemmer, 1984; zweisprachige Ausgabe von R. Schottlaender
und E. Kessler, 1974; Bearbeitung von A. M. Rathgeber 1921
unter dem Titel *Sorgenspiegel).* Der lateinische Titel bezieht
sich auf Trostmittel gegen Fortuna, die Glück oder Unglück
bringen kann.

Danach ist der Traktat auch in zwei fast symmetrisch ange-
ordnete Bücher aufgeteilt. Teil I behandelt in 122 Dialogen
zwischen Ratio und Gaudium (Freude) bzw. Spes (Hoffnung)
die Gefahren aller irdischen Glücksgüter und zeigt die Gefühle und Leidenschaften im Widerstreit mit der Vernunft; jegli-
che Glücksgefühle erweisen sich als eitel.

Teil II bietet in 131 Gesprächen zwischen Ratio und Dolor
(Schmerz) Trost im Unglück und betont die Würde des Men-
schen (II, 93) und sogar den Nutzen des Schmerzes, z. B. den
Verlust geliebter Personen, für das Seelenheil: Der echte Wert
liegt nicht im Besitz von Glücksgütern oder im Erleiden von
Unglück, sondern im Gemütsfrieden. Deshalb gibt es für den

gleichmütigen Menschen auch kein richtiges Unglück. Alles hängt von der seelischen Einstellung ab, von der Mäßigung der Affekte und der Kontrolle der Umstände durch den Willen zur Tugend.

Unter Beispielen des Glücks erörtern die allegorischen Figuren z. B. das gute Aussehen (»forma corporis«, I, 1, *Prose*, S. 612), Liebe, Ruhm, Seelenfrieden etc. Unglück reicht von Häßlichkeit, Krankheit und Alter zur Todesangst, schließt aber auch Froschquaken, Hundegebell, treulose Ehefrauen (II, 21), Gicht und Bauchgrimmen ein. Diese Themen schmückt Petrarca durch Exempel und Zitate aus der Antike, deren Schriftsteller ihm Muster für Einstellung und Dialogform boten; u.a. stammt aus Senecas Schrift *De remediis fortuitorum* der zweiteilige Aufbau und der »Scheindialog«, jedoch mit dem Unterschied, daß Petrarca von Seneca abweichend nicht nur Dolor, sondern gleichrangig Gaudium zu Wort kommen läßt, vor dem sich seine Leser ebenfalls wappnen müßten (s. Schottlaender, 1988, S. 264 f.). Außer Seneca benutzte Petrarca auch Boethius' *De consolatione philosophiae* und Ciceros *Tusculanae disputationes.* »Die kasuistische Grundstruktur findet sich oft variiert in zeitgenössischen didaktisch-moralphilosophischen Traktaten, etwa den mittelalterlichen Specula. Christlicher Tradition ist auch der Gedanke des Seelenkampfs bekannt. Beispiele sind die weitverbreitete ›Psychomachie‹ des Prudentius und die ›Synonyma‹ Isidors von Sevilla« (Knape, 1986, S. 13). Von der moralphilosophischen Traktatliteratur seiner Zeit hebt sich Petrarcas Werk durch den entschiedenen Rückgriff auf die Antike ab, und zwar sowohl in Stil und Dialogform als auch in der Wahl antiker Exempelfiguren und ihrer stoischen Grundhaltung (ebd., S. 17).

Thema des Buches ist demnach der Konflikt zwischen den Affekten und der Vernunft oder mit Klaus Heitmann ausgedrückt das »Verhältnis Fortuna-Virtus als das zentrale Problem für den Menschen in dieser Welt« (1958, S. 21), wobei es Petrarca jedoch nicht gelingt, die Widersprüche zwischen stoischer und platonisch-christlicher Tradition zu lösen (z. B. einheitliche Seele der Stoa gegen die dreigeteilte des Platonismus). Grundsätzlich glaubt Petrarca äußerst pessimistisch an »eine einzige, beständige Dekadenz der Werte« (ebd., S. 246),

– das ist schon sehr früh die Kehrseite des späteren Renaissanceoptimismus – , und trotzdem betrachtet er es als seine Aufgabe, seinen Lesern praktische Verhaltensmaßregeln in rhetorisch wirksamer Form zu vermitteln (s. Schottlaender, 1988, S. 29; ähnlich insistiert Augustinus im *Secretum* auf der lebenspraktischen Anwendbarkeit alles Bücherwissens).

Darin liegt auch das Neue, das – über die heute negativ eingeschätzte Stereotypik der Allegorien und Dialoge sowie die enzyklopädische Gelehrsamkeit – Weiterweisende dieser Anthologie in praktischen Ratschlägen für alle möglichen Situationen des Lebens, eines »Kompendiums möglicher existentieller Grundsituationen des Menschen« (Knape, 1986, S.15). Hier kommt Petrarcas Lebenserfahrung zur Geltung, seine Menschenkenntnis und sein Talent zur Selbstanalyse. Denn viele Themen der kleinen Traktate spiegeln seine Hauptsorgen wider, deren widersprüchliche Aspekte in den zwei Stimmen seiner Brust, Ratio und Spes (bzw. Dolor) Gestalt gewonnen haben.

Ein gutes Beispiel gibt »De gratis amoribus« (Über anmutiges Lieben, I, 49), eine Variation auf *Secretum* II, da Ratio gleichsam die Rolle von Augustinus übernommen hat, während Gaudium für Franciscus eintritt; so heißt es bezeichnenderweise »ingenium est amare« (zu lieben ist edel, *Prose*, S. 620), worauf Ratio erwidert: »apud me vero servile«, »mala periculosissima« (bei mir nichts als Knechtschaft, eine höchst gefährliche Krankheit, ebd.). Ratio möchte Gaudium auf augustinische Art von der Welt der Augen (»deditique oculis«, den Augen zugetan, S. 624) abziehen, insbesondere vom Ruhm, der aus Liebeskummer entsprungen (»eloquentie gloriam consecutos«, dem Ruhm der Redekunst nachgeeifert, S. 626).

Auch die vorgeschlagenen Heilmittel gegen die Liebeskrankheit stammen aus Petrarcas Erfahrungsbereich: der – von der Ratio bestrittene – Glaube an die Heilkraft der Dichtung (S. 628), der häufige Ortswechsel (»loci mutatio«, S. 630), die Alterseinsicht in die Irrtümer der Jugend (»errorum iuvenilium castigatrix«, das Alter als Bestrafer jugendlicher Irrtümer, S. 632).

1.3.1 Einleitung

Die polemischen Schriften (*Invectivae*) stellen einen wichtigen Teil von Petrarcas Prosawerken dar. Für viele Leser mag das eine Überraschung sein, da er als Sänger Lauras und nicht als scharfer Kritiker seiner Zeitgenossen bekannt ist. Diese Invektiven sind nicht nur Ausdruck persönlicher Empörung über Angriffe auf sein Ansehen und Selbstgefühl, sondern auch Zeugnis seiner hervorragenden Rolle im Umbruch der Zeiten.

Von seiner eigenen Epoche hielt er überhaupt wenig: »si res prodeunt ut ceperunt, valde – ut reor – ad mundi exitum propinquamus« (falls die Dinge so fortgehen wie sie begonnen, nähern wir uns gewiß – wie ich glaube – dem Ende der Welt, B II, 1210). Einen Anteil an seinem Pessimismus hat dabei der Zustand der Wissenschaften, wie sie an den Kloster-, Domschulen und Universitäten gelehrt wurden, gestützt auf Aristoteles und seine Kommentatoren, u. a. Averroes. Zwist unter den Lehrern (Scholastikern) war nichts Neues, denkt man an den die Scholastik durchziehenden »Universalienstreit«, wobei es um die Existenz der Allgemeinvorstellungen (universalia) *ante res* (Plato), *in rebus* (Aristoteles) und *post res* (William von Occam) ging. Für die Nominalisten dieses letzten Zweiges galten die Allgemeinbegriffe nur als Namen der Dinge (nomina rerum), weshalb sich in ihrem Gefolge das unabhängige Denken der Neuzeit entwickeln konnte.

Aufgrund seiner Studienjahre in Montpellier und Bologna kannte Petrarca sowohl die Artes liberales (Trivium: Grammatik, Rhetorik, Dialektik; Quadrivium: Musik, Geometrie, Astronomie, Arithmetik) als auch die Spezialfächer Jura, Medizin und Theologie aus eigener Erfahrung. Trotz seiner allergischen Reaktionen auf den Wissenschaftsbetrieb unterhielt er jedoch freundschaftliche Kontakte zu führenden Vertretern von Theologie, Recht und Medizin (s. Kessler, 1978, S. 133). Er wußte genau, wie nützlich die einzelnen Fächer sein konnten; aber Gelehrte, die eine bestimmte Schulmeinung mit Hilfe der scholastischen Methode (z. B. Syllogismus) vertraten und nicht über die Grenzen ihres Systems hinausschauten, lehnte Petrarca pauschal ab. Klar sagte er: »non etenim sectas amo, sed verum« (ich liebe nämlich nicht die Sekten, sondern die Wahrheit, F VI, 2).

Was er an der dialektischen Methode auszusetzen hatte, ist dies: die Verwechslung von Mittel und Endzweck, d. h. das an sich nützliche Mittel ist zum Selbstzweck geworden und verhindere darum den Zugang zur Wahrheit: »non verum invenire propositum est, sed altercari« (es ist nicht ihre Absicht, die Wahrheit zu finden, sondern zu streiten, F I, 7). Deshalb seien diese Leute zu meiden! (»si virtutem, si veritatem sequeris, id genus hominum vita«, F I, 7). Ein persönlicher Grund mag bei dieser Kritik eine Rolle gespielt haben, nämlich bei Petrarca selber eine »debolezza organica per il pensiero metòdico« (eine organische Schwäche im methodischen Denken, s. Billanovich 1947, S. 414; ebenso Contini, 1976, S. 238). Petrarca war eben kein Philosoph, sondern sah philosophische Probleme jeweils aus dichterischer Warte. Positiv gewandt hat Trinkaus diese Sicht gerade als Beweis für die Umformung der objektiven Philosophie der Antike zur subjektiven Weltanschauung der Renaissance verstanden und mit Recht auf Petrarcas Ablehnung der Philosophie zugunsten der Beredsamkeit des ›poeta theologus‹ in *De sui ipsius* aufmerksam gemacht (1979, S. 2 f. und 107).

Trotz dieser »subjektiven« Färbung seiner allgemeinen Verurteilung der Scholastik kommt Petrarca ein mehrfaches Verdienst zu: erstens, den Aristotelismus als Engpaß erkannt und den Meister der mittelalterlichen Theologie durch den Hinweis auf andere griechische Philosophen (Plato) entthront zu haben; zweitens eröffnete Petrarca »im Parteienstreit der spätmittelalterlichen Philosophie eine neue Front, die nicht einzelne Ergebnisse der bisherigen Auseinandersetzungen, sondern die Spielregeln selbst in Frage« stellte, und zwar mit Hilfe der Dialektik (Kessler, 1978, S. 135), weil er auf der Suche nach der Wahrheit »einen anderen Begriff von menschlicher Realität« (ebd.) entwickelte, der im Einklang mit der »via moderna« des Nominalismus stand, die seit dem 14. Jahrhundert statt nach der traditionellen Kongruenz von Gott und Welt nach der Korrespondenz von res und verba suchte. Petrarca war eben überzeugter Anti-Aristoteliker, wenn Aristoteles und seine Schüler gegen den gesunden Menschenverstand verstießen (s. F XX, 14).

Petrarcas polemische Ader manifestiert sich in vielen seiner Werke ohne Rücksicht auf das Genre. Wenn immer er sich durch Pamphlete seiner Gegner angegriffen fühlte, zog er vom Leder (»si scripto egerint, sentient et me calamum habere«, F V, 11; wenn sie schriftlich an die Öffentlichkeit treten, werden sie es schmerzlich empfinden, daß ich auch eine Schreibfeder habe); im *Canzoniere* finden sich antipäpstliche Sonette (C136-138), im *Bucolicum carmen* (VI-VII) sowie in Briefsammlungen (*Familiares* und besonders *Sine nomine*) Angriffe gegen den päpstlichen Hof zu Avignon.

1.3.2 *Invective contra medicum*

Die *Libri quattuor invectivarum contra medicum quendam* entstanden zwischen 1352 und 1355. Den Anlaß lieferte zunächst eine schwere Erkrankung von Papst Klemens VI., auf die Petrarca Einfluß zu nehmen versuchte, indem er Klemens in einem Brief (F V, 19) vor der Menge der ihn umgebenden Ärzte warnte, da sie ständig miteinander in Streit lägen und über ihren sophistischen Redereien den Patienten vergäßen. Der Papst solle sich deshalb unter den vielen einen auswählen, »non eloquentia sed scientia et fide conspicuum« (der nicht durch seine Redegabe, sondern sein Wissen und seine Zuverlässigkeit herausrage, F V, 19).

Einer der Scharlatane fühlte sich angegriffen und ließ eine scharfe Replik gegen Petrarca aufsetzen, worin er ihn aufforderte, sich nicht in Sachen einzumischen, von denen er nichts verstünde und bei seinem Leisten zu bleiben, d. h. bei seinen poetischen Lügenwerken. Darauf reagierte Petrarca im Namen der beleidigten Dichtkunst und seiner eigenen Würde mit der *Invectiva* I; offenbar, weil er tatsächlich über die persönlichen Angriffe empört war (B II, 972). Bewußt nannte er den Namen seines Gegners nicht, damit er der Vergessenheit anheimfalle (B II, 978). Diese Streitschrift bot ihm Gelegenheit, seine Feindschaft gegenüber den Ärzten und seinen Ärger über die alten Dialektiker auszulassen, die Poesie zu verteidigen und im

Laufe des Buches das Verhältnis der freien zu den mechanischen Künsten grundsätzlich zu überdenken.

Warum auf das erste Buch noch drei weitere folgten, hat mit der Antwort des Arztes zu tun, der ein Prosawerk aufsetzte, das Petrarca Punkt für Punkt widerlegte, indem er alle Pfeile zu dessen Spott und seinem eigenen Ruhm wieder zurückschoß (B II, 966). Zunächst einmal machte er den Arzt buchstäblich fertig:«O ridiculum animal (...) librum scribis« (O lächerliches Tier, du schreibst ein Buch, B II, 850); worauf er hinaus wollte, war dies: »mechanicus libros scribit (...) Quid enim fiet si mechanici passim calamos arripiunt?« (ein Mechaniker schreibt Bücher ... Was geschieht, wenn Mechaniker überall zur Schreibfeder greifen, ebd.). Die Welt der »artes« würde auf den Kopf gestellt, und darum machte es sich Petrarca zur Aufgabe, die aus dem Gleichgewicht geratene Hierarchie der Künste wiederherzustellen; das betrifft zuerst die Dialektik, die zuviel an Gewicht gewonnen und durch ihre syllogistische Methode an Sinn verloren hätte.

Wie sein Gegner beweise, gehe die Dialektik häufig von falschen Voraussetzungen aus und sollte eher Mittel als Selbstzweck sein (B II, 876; 933; 945). Die Behauptung, daß die Dichtkunst nicht notwendig sei im Kreis der freien Künste (B II, 896), widerlegt Petrarca unter Hinweis auf ihre heilende Funktion (medicina mentis) und ihren Ursprung in der Religion: »Primos (...) theologos apud gentes fuisse poetas« (die ersten Theologen unter den Völkern waren die Dichter, B II, 920).

Auf der anderen Seite gäbe es die Medizin, die ja im Dienste des Leibes nützlich sei (B II, 868), aber weit über ihre Belange hinausgreife, wenn sie wie im Falle dieses Arztes Anspruch darauf erhebe, die erste unter allen Disziplinen zu sein und Ethik sowie Rhetorik als ihre Sklaven zu betrachten (B II, 930). Eloquenz helfe dem Arzt nur, seine Mängel zu vertuschen (B II, 934). Zwei Ratschläge gibt Petrarca seinem Gegner: erstens, bei seinem Metier zu bleiben, also eine ironische Umkehrung des Spießes (B II, 930); zweitens, seinen Mund zu halten und sich nicht als Redner aufzuspielen (B II, 938). Gegen Schluß rundet Petrarca seine Streitschrift durch einen Hinweis auf den Tod des während des Streites verstorbenen

Klemens VI. ab, der dem Arzt zur Last falle (B II, 956). Deutlich geht es Petrarca in dieser Invektive also darum, seine Vorbehalte gegenüber der spätscholastischen Medizin zu äußern und ihrer eitlen Bemühung um die Gesundheit des Leibes das Konzept einer seelischen Gesundheit gegenüberzustellen, das auf stoisch-christlicher Leibesverachtung und einem Leben im Geiste beruht (»vita solitaria«, s. Bergdolt, 1992).

Über die Polemik hinaus bieten diese Invektiven Petrarca ein Forum, vor der Öffentlichkeit seinen Standpunkt als frühhumanistischer Dichter-Gelehrter darzulegen; zum einen behauptet er – etwas voreilig, wie sich herausstellen sollte -, im Alter von 38 Jahren lege er kaum noch Wert auf die Lektüre von Dichtern, aber um so mehr auf die Suche nach der Wahrheit. Wie im *Canzoniere* (C1) versucht er mit Mühe die Fehler seiner Vergangenheit zu korrigieren: »Non poetas lego, sed scribo quod legant qui post me nascentur« (ich lese nicht die Dichter, sondern schreibe, was die Nachgeborenen lesen, B II, 926); zum anderen schildert er sich wie in *De vita solitaria* gegenüber dem städtischen Arzt als einsamen Menschen auf dem Lande (»solitarius sum«, B II, 942), fern von den Lastern der Menge, wodurch er sich von dem »kranken« Mediziner mit seinen Patienten distanziert (B II, 950) und statt dessen sein Leben im Geiste betont. Er gibt auch zu, nur den Ort zu wechseln, um Überdruß (»fastidium«, B II, 962) zu vermeiden. Um den Kontrast zwischen sich und seinem Kontrahenten zu betonen, breitet er den Gegensatz zwischen Stadt- und Landleben zu einem rhetorischen Glanzstück aus (B II, 968). Petrarca ist offenbar damit beschäftigt, sein Image für die Nachwelt zu konstruieren.

Kein Zweifel, mit der Verteidigung der Würde der Poesie und Rhetorik im Wettstreit der Künste traf Petrarca ein grundsätzliches Problem im Übergang von der Scholastik des Mittelalters zum Renaissancehumanismus. Trotzdem fällt die auf 80 engbedruckten Oktavseiten, in vier Bücher aufgeteilte Polemik (B II) aus dem Rahmen der bei Petrarca üblichen Mäßigung in Ton und Stil. Er selbst muß zugeben: »neque sermo tan fervidus, neque tantum in reliquis omnibus iurgiorum (...) legetur« (in keinem der übrigen Werke ist eine solch wütende Ausdrucksweise noch so viel Zank zu lesen, B

II, 972). Das sei geradezu wider seine Natur geschehen: »contra naturam moresque meos« (gegen seine Natur und Sitten, B II, 976); der Leser möge es ihm nachsehen, da er sehr provoziert worden sei. Zur Entschuldigung zieht er schließlich antike Modelle für sein Verhalten heran, z. B. die Beleidigungen Sallusts gegen Cicero (972).

1.3 3 *De sui ipsius et multorum ignorantia*

Die Erstfassung dieser Streitschrift wurde im Dezember 1367 auf einer Po-Reise von Venedig nach Padua begonnen; nur die Zweitfassung von 1370 ist in zwei Exemplaren erhalten (Codex Hamiltonianus 493, Staatsbibliothek Berlin; Codex Vaticanus 3359). Sie ist in Form eines Briefes seinem Freund Donato degli Albanzani gewidmet, der Petrarca die Nachricht von dem beleidigenden Richterspruch von vier venezianischen Aristotelikern averroistischer Provenienz überbracht hatte. Dieser lautete: »Petrarca ist ein guter Mensch ohne gelehrten Verstand« (»illiteratum ... et ydiotam ferunt«, B II, 1034).

Diesen Spruch hatten die vier namentlich bekannten, aber von Petrarca nicht erwähnten Scholastiker gefällt, nachdem sie Petrarca zuhause aufgesucht und seine Meinung ausgehorcht hatten. Petrarca fühlte sich nachträglich in eine Falle gelockt (B II, 1060) und reagierte ausführlich auf den deutlichen Versuch, ihm noch im Alter seinen Weltruf als Gelehrter zu untergraben. Der in seiner Ehre getroffene Petrarca ging zum Gegenangriff über, wobei sich das als Brief geplante Vorhaben zum Buch ausweitete, worin Petrarca sich selbst und seine Welt darstellt. Denn darum geht es: Indem sich Petrarca selbst rechtfertigt, entsteht aus der Schmähung der Richter im Laufe der Gegenattacke (Invectiva) sein Selbstporträt und aus der Analyse der verdrehten Behauptungen sein eigener philosophischer Standpunkt, der zeitweise die Gestalt einer Anthologie der Geschichte der Philosophie annimmt.

Im Gegensatz zu den Scholastikern ist Petrarca immer auf der Suche nach der Wahrheit; so wird sein Traktat zum Spiegel seines beweglichen Geistes. Mehrere Prozesse laufen gleichzeitg ab: erstens, *De sui ipsius* beginnt mit dem Richterspruch des Tribunals (»censorium ... tribunal«, B II, 1026) und der scheinbaren Annahme des Urteils, geht darauf aus der Selbstrechtfertigung in den Gegenangriff über, der zur öffentlichen Blamage der Richter führt. Indem Petrarca den Spieß umdreht, steht am Ende nicht mehr Petrarca als *ydiota* dar, sondern seine Verleumder, die sich aus Monstren in Flöhe und Würmer verwandelt haben, die recht viel Mitleid verdienten. Parallel dazu läuft ein zweiter Prozeß ab: auf die Erschütterung seines Selbstgefühls (»indignatio et iustus dolor«, Empörung und gerechter Schmerz, B II, 1026) folgt die Selbstfindung im Zuge der Darstellung seines Lebens und seiner Erfolge, was einen deutlichen Wechsel im Ton vom Sarkasmus zur Heiterkeit des Humoristen mit sich bringt. Ganz deutlich ist seine Selbstausbildung Ergebnis seines unermüdlichen Studiums, seiner Welterfahrung und seiner Erfolge bei Königen und Päpsten im Gegenzug zur scholastischen Gelehrsamkeit mit ihrer Betonung abstrakten Wissens (s. dazu Mazzotta, 1993, S. 108-111). Drittens handelt es sich methodisch gesehen in *De sui ipsius* um eine dialektische Bewegung im Sinne der sokratischen Ironie, da sich Petrarca zunächst als von der Richtigkeit des gegnerischen Urteils überzeugt stellt (B II, 1056), seine Opponenten darauf aber als Unwissende verurteilt, während er die ihm vorgeworfene *ignorantia* positiv zur Grundlage seines Glaubens umdeutet. Mit Recht zitiert er Sokrates: »Das einzige, was ich weiß, ist, daß ich nichts weiß« (B II, 1140).Viertens entwickelt sich der Sonderstreit mit seinen venezianischen Kritikern in *De sui ipsius* zu einem exemplarischen Fall der Philosophiegeschichte, die Petrarca heranzieht, um die Grundlagen seiner Argumentation sichtbar zu machen und dadurch zu Kernfragen seiner Existenz und der Philosophie überhaupt vorzustoßen.

Die Philosophiegeschichte scheint Petrarca nur Fortschritte gemacht zu haben auf der Basis von persönlichen und fachlichen Auseinandersetzungen zwischen Gelehrten, z. B. Cicero, Vergil und Homer, Xenophon oder Quintilian und Seneca. »Wer war der größere und genialere, Plato oder Aristotiles« oder besser: »warum und von wem wird der eine vor dem anderen gepriesen?« (B II, 1118). Die Antwort wirft nicht nur ein bezeichnendes Licht auf Petrarcas Selbsteinschätzung als

Humanist und seine philosophische Perspektive, sondern auch auf den beginnenden Umbruch des Denkens auf der Schwelle vom Mittelalter zur Renaissance. Die Frage ist nämlich, wer vertritt die wahre Philosophie? »A maioribus Plato, Aristotiles laudatur a pluribus« (Plato wird von den größeren Männern gepriesen, Aristoteles von der größeren Menge, B II, 1118). Plato nennt man *divinus*, Aristoteles *demonicus*, weil Plato der göttlichen Wahrheit näher gekommen sei, obgleich er sie noch nicht völlig erkannt hätte (B II, 1112).

Im Grunde entthront Petrarca die Autorität der Scholastik und erweitert damit den philosophischen Horizont seiner Zeit, indem er von Aristoteles behauptet, er sei auch nur ein Mensch gewesen, und es gäbe auch außerhalb seiner Schriften noch etwas zu lernen (B II, 1114). Z. B. habe Aristoteles weder gewußt, worin wahre Glückseligkeit (»felicitas«, B II, 1062) bestünde, noch sei es ihm über seine gelehrten Bücher hinaus gelungen, die Seele seiner Leser mit begeisternden Worten zur Liebe der Tugend zu bewegen: »Aliud est enim scire atque aliud amare; aliud intelligere atque aliud velle« (Es ist ein großer Unterschied, ob ich etwas weiß, oder ob ich es liebe; ob ich es verstehe oder ob ich nach ihm strebe, B II, 1106).

Diese Kluft zwischen logischem Verstandeswissen und Glauben führt Petrarca letztlich auf Aristoteles' Mangel an rhetorischer Begabung und innerer Erleuchtung zurück. Darum bewundert er ihn auch nicht (»non adoro«, B II, 1104). Warum sollte er auch Christus aus Liebe zu Aristoteles verleugnen? (B II, 1064). Deshalb verachtet er seine Adepten, vor allem die averroistischen Aristoteliker aus Paris (B II, 1106) und insbesondere aus Venedig, die ein enzyklopädisches Wissen abstrakt, d. h. ohne Bezug auf Geschichte und Lebenserfahrung vertreten und ihren Meister Aristoteles durch ihre Vergötzung verhunzten (B II, 1112).

Mit Aristoteles auf ihrer Seite meinten sie in ihrer Verrücktheit schon alles zu wissen, obwohl sie im Grunde gar nichts wüßten. Selbstzufrieden ruhten sie sich auf ihrem angesammelten Wissen aus, ohne je etwas von der ›natura hominum‹ (B II, 1040), von den Geheimnissen der Menschen, der Natur und selbst Gottes zu erahnen (B II, 1064). Diesem arroganten Obskurantentum (s. »insani,« II, 1066, »de obscuro ingenio«, 1096; »in tenebris«, 1096) setzt Petrarca seine Frömmigkeit entgegen, die davon ausgeht, daß man ohne Gott nichts wissen könne. Das ist die Position des philosophischen Skeptizismus, der enzyklopädisches Wissen um des Wissens willen ablehnt und statt dessen die Beredsamkeit (»eloquentia«) als Weg zu einem tugendhaften, pietätvollen Leben preist.

Damit bahnt sich in der Einstufung bzw. Rangfolge der antiken Muster eine Revolution an: Aristoteles ist zu meiden (B II, 1102), dagegen findet Petrarca bei Sokrates und Plato, vermittelt durch Augustin, seine Inspiration, und bei den Römern, besonders Cicero und Seneca, zur Tugend begeisternde Redegabe, die bis an das echte Glaubenserlebnis heranführte: »Wenn Cicero zu bewundern einen Ciceronianer ausmacht, dann bin ich einer« (»ciceronianus sum«, B II, 1122); das heißt aber weder, daß Petrarca ihn nachahmen wollte, noch, daß er sich auch in Glaubensdingen an Cicero kehre, der ja kein Christ gewesen sei (ebd., B II, 1122).

De sui ipsius ist viel mehr als eine polemische Abrechnung mit seinen aristotelischen Gegnern, weil Petrarca die Gelegenheit wahrnahm, Grundsatzfragen seiner frühhumanistischen Existenz zu behandeln: Erstens, was ist Wissen und worin besteht sein Nutzen? Ohne die Überzeugung vom »gelehrten Nichtwissen« sei der Wissensbesitz sinnlos und unschöpferisch. Die Einsicht in die Unerkennbarkeit Gottes verbiete alle festen Behauptungen: »Nam et cognisci ad plenum Deus in hac vita nullo potest modo« (Denn Gott kann in diesem Leben keineswegs völlig erkannt werden, B II, 1110). Damit stellt sich Petrarca in die Traditionskette, die von Sokrates über Plotin zu Augustin reicht. Zweitens, wozu ist Rhetorik nutze, wenn sie nicht zu einem tugendhaften Leben und zu Gott leitet. Drittens, worin besteht das Wesen der Philosophie, wenn nicht in der Suche nach der Wahrheit? Kern aller Philosophie sei der Mensch, und von daher gelang Petrarca seine Kritik an der abstrakten Formelhaftigkeit der Scholastik (s. Eppelsheimer, 1926, S. 60). Und schließlich, was entscheidet über seine Kultur? Die literarische Bildung, jedoch nicht ohne Gottes Beihilfe (B II, 1044).

Aus der Polemik geht damit ein neues Bildungsprogramm hervor, das durch die Synthese von platonischer Weisheit, ciceronianischer Eloquenz und christlicher Pietät den christlichen Frühhumanismus in klarer Distanz von der scholastischen Praxis entwickelt. Ein Streit hebt hier zwischen zwei entgegengesetzten Denkschulen an, der erst 150 Jahre später mit Erasmus *Encomium Moriae* und den *Epistolae obscurorum virorum* zum Höhepunkt kommen sollte. Petrarcas Glaubensphilosophie wirkte ihrerseits über Nicolaus Cusanus (*De docta ignorantia*, 1440) bis ins 20. Jahrhundert (s. Mazzotta, 1993, S. 37-111).

1.3.4 *Invectiva contra eum qui maledixit Italie*

Avignon war für das Papsttum seit 1309 Babylonisches Exil, für den im Exil lebenden Petrarca zuerst Zuflucht und, als Kulturmetropole Europas, Chance für seinen sozialen Aufstieg (zwischen 1326 und 1337), bis er sich nach Vaucluse zurückzog und Avignon als »Hölle« auf Erden mied. Aus dieser Antipathie und aus Sorge um das ewige Rom forderte er 1366 Papst Urban V. (in S VII, 1) auf, die päpstliche Residenz wieder nach Rom zu verlegen (s. dazu B II, 1178), was Urban gegen die Vorstellungen des französischen Klerus auch tat (1367-1370 in Rom). Ein Theologe namens Jean de Hesdin fühlte sich von dem in einem zweiten Brief (S IX, 1, 1368) enthaltenen Vorwurf französischer Barbarei angegriffen und reagierte mit *Magistri Johannis de Hisdinio contra F. Petrarcam epistola* (ca. 1369), worauf Petrarca dessen Argumente in seiner *Invectiva* von 1373 Punkt für Punkt zerpflückte – aus Liebe zur Wahrheit (B II, 1250) und auch deshalb, weil er über die Verunglimpfung Roms zugunsten von Avignon und Paris äußerst empört war. Avignon als »caput mundi« (Haupt der Welt, B II, 1216), Paris, diese stinkende Rose (»olentem rosam«, B II, 1226) als Sitz der Wissenschaften? »Quod ad studium attinet, ceu ruralis est calathus« (was die Wissenschaften betrifft, ist es wie ein Korb vom Lande, B II, 1220), gegen das heilige Rom (»urbs sacra«, B II, 1172) mit seinem weltweiten Ruhm lasse sich nichts auf Erden vergleichen: »semper romana gloria tote orbe resonabit« (immer wird der Ruhm Roms auf dem ganzen Erdkreis erklingen, B II, 1200), das hätte noch kürzlich Cola di Rienzo bewiesen (B II, 170 f.).

Von dieser Position aus, gestützt auf römische Schriftsteller und das römische Recht (Codex Justinianus), macht sich Petrarca einen Spaß, über Hesdins Text, seine schwerfällige Beweisführung, seine wenig stichfesten Ergebnisse sowie über Avignon, die Kirche in Frankreich und die Franzosen herzufallen: »qui non barbaros Gallos vocet?« (wer hält nicht die Franzosen für Barbaren, B II, 1160), für charakterlose, ungebildete und von sich eingenommene Menschen: »Felix natio, quae de se optime, de aliis omnibus pessimus opinatur« (glückliches Volk, das die beste Meinung von sich selbst, die schlechteste von allen anderen hat, B II, 1218).

Es bleibt nicht bei der Feststellung vom »gens radicitus inimica« (Erzfeind, B II, 1242); aus dem anfänglichen Mitleid mit dem törichten Hesdin (II, 1156) entsteht reiner Hohn und Sarkasmus: »lutum suibus (...) grate sunt« (Dreck gefällt den Schweinen, II, 1166); er schmäht ihn als kranken Hahn (»galli caput egrotantis«, II, 1174), als unsere Krähe (»corvum nostrum«, II, 1184), sein Volk als unbedeutend aber vielzählig wie die Fliegen, Mücken und Ameisen (II, 1222). Der einzige bekannte Gallier sei Pontius Pilatus gewesen, der dem Volk so ungeheuer viel Ansehen durch seinen Triumph über Christus gewonnen habe! (II, 1218).

Die Franzosenschelte hat auch ihre positiven Seiten. Sie zeigt, wie beschlagen Petrarca in der antiken Literatur war und wie er über das abstrakte Formelwissen der Scholastik hinaus immer zur Wirklichkeit durchzudringen versuchte, wobei er seine Erfahrungen als Diplomat des Humanismus zuhilfe nahm; leitmotivisch heißt es bei ihm: »Non aliter scio, quam si oculis videor« (nicht anders weiß ichs, als wenn ich es mit eigenen Augen sähe, B II, 1210). »Experientia veritasque«, Erfahrung und Wahrheit (II, 1232) sind die festen Grundlagen seiner Ansichten; z. B. beruft er sich auf seine eigenen Parisreisen seit seiner Jugend (II, 1226, s. auch F VIII, 2). Außerdem: »contra rationem aut sine ratione« (gegen und ohne Vernunft, II, 1250) läßt sich nichts aufrechterhalten.

Ob er nur aus Liebe zur Wahrheit über Hesdin und die Franzosen herfällt, ist zu bezweifeln. Der Streit macht ihm augenscheinlich Vergnügen, obwohl er als Kosmopolit über »natalis zone dulcedo« (die Anziehungskraft der heimatlichen Zone, B II, 1167) erhaben sein sollte. Als überzeugter »Romanus civis« (römischer Bürger, II, 1188) gelingt es ihm jedoch nicht, sein eigenes Ideal zu erreichen: »Viri enim egregii virtutes ope vincunt omnia« (hervorragende Männer besiegen alles mit Hilfe der Tugend, II, 1166). Diese Inkonsistenz der »Aussagen zu zentralen Problemen seines Tuns und Denkens« hat man als psychologisches Manko (Bosco, 1965) oder als »mangelnde Fähigkeit zu kritischer Synthese« (Heitmann, 1958, zitiert nach Kessler, 1978, S. 160) aufgefaßt, aber nach Kessler ist dies »dissidium mentis« eher als Reflex des Übergangs vom Mittelalter zur Neuzeit zu verstehen, der auf die Humanisten generell zutraf (ebd., S. 161; s. u. S. 100-102).

1.4 Historische Schriften

1.4.1 De viris illustribus

»Von berühmten Männern« begründete Petrarcas etwas fragwürdigen Ruhm, der Vater der neueren Historiographie zu sein (dazu s. u. S. 72). Es handelt sich um eine Sammlung von Biographien, die bereits im Gespräch Kaiser Karls IV. mit Petrarca eine Rolle spielten (EP, S. 109). Der Dichter arbeitete über dreißig Jahre an dem Werk und änderte im Laufe der Zeit mehrfach seinen Plan: Er begann ab 1337 (Wilkins, 1961, S. 18) mit einem ersten Porträt Scipios des Älteren, dem später eine zweite Fassung (1341-1343) und eine Überarbeitung (nach 1361) folgen sollten; zwischen 1341 und 1343 kam eine Serie von 23 Lebensbeschreibungen von Romulus bis Cato zustande, jedoch nicht bis Kaiser Titus – wie ursprünglich geplant. Zehn Jahre danach nähm er unter veränderter Perspektive einen zweiten Anlauf: die römische Geschichte sollte sich zur Weltgeschichte erweitern, darum fügte er zwölf Skizzen aus der Mythologie und dem Alten Testament von Adam bis Herkules hinzu; zu einem letzten Versuch kam es zwischen 1361 und 1369 am Hofe zu Padua, vielleicht angeregt von dem damals von Francesco da Carrara in Auftrag gegebenen Fürstensaal, zu dessen Ausschmückung Petrarca herangezogen wurde (»Sala virorum illustrium«, s. Mommsen, 1952, S. 95-116). Auch aus diesem Vorhaben mit 36 Biographien wurde nichts, genauso wenig wie aus einem reduzierten *Breve compendium* von Romulus bis Fabricius. Alles, was aus der Zeit nach 1343 an Texten überliefert ist, stammt aus der Hand seines Schülers Lombardo della Seta, der selbst ein *Supplementum* von zwölf Abrissen anfertigte.

Für die Forschung ergibt sich – ähnlich wie im Falle der *Familiares* – die interessante Möglichkeit, anläßlich der verschiedenen Fassungen und Entwürfe nach einem »Entwicklungsmuster« bei Petrarca zu fragen:

»Die These, daß in *De Viris* eine Entwicklung vorliegt von der Konzentration auf ein Rom, das von den Welten der Bibel und des Mittelalters geschieden ist, zu einem Programm, das mit der mittelalterlichen Vermischung der biblischen und römischen Vergangenheit größere Ähnlichkeit zeigt, ist demnach mehr als einfach eine plausible Theorie.« (Baron, 1976, S. 393)

Auf seine Quellen macht Petrarca selbst aufmerksam: Livius (*Prose*, S. 220), Sueton, Cicero, Valerius Maximus. Kessler hat in seiner ausgezeichneten Studie *Petrarca und die Geschichte* (1978) darauf hingewiesen, daß das Thema »illustre Männer« nicht originell war, sondern »sozusagen in der Luft« lag. Giovanni Colonna schrieb in Avignon an einem *De viris illustribus*, auch sein Freund Guglielmo da Pastrengo in Verona, Giotto malte eine Serie berühmter Männer in Neapel und in Mailand, Carrara ließ einen Saal ausmalen. Man interessierte sich im ausgehenden Spätmittelalter »in breiteren Schichten für biographische Details« (Kessler, 1978, S. 101). Kessler hat auch in einem ausführlichen Vergleich der zwei Vorworte von 1343 und 1353 (Praefatio A und B) eine Akzentverschiebung in Petrarcas Absicht festgestellt: hatte er zunächst Geschichte nach den Regeln der Rhetorik, als *argumentum* schreiben wollen, setzte er sich im umfangreicheren letzten Vorwort mit seinem Verständnis des Geschichtsschreibers und insbesondere seiner Funktion als Zeitkritiker auseinander (ebd., S. 33 f.).

Danach unterscheidet sich der *historicus* (*Prose*, S. 224) deutlich von dem Legendenerzähler: »neque michi fabulam fingere sed historiam renarrare propositum est« (aber es ist nicht meine Absicht, Fabeln zu erdichten, sondern Geschichte wiederzuerzählen, S. 220), ohne dabei sein elegantes Stilniveau zu beeinträchtigen. Darum vergleicht er die verschiedenen Quellen nach dem Prinzip der »similitudo vel autoritas« (Wahrscheinlichkeit oder Autorität, S. 220), überprüft die überlieferten Fakten, reinigt sie vom Aberglauben (»superstitio«, S. 220) und »nebulösen Unsicherheiten« (»nubilosis ambagibus«, ebd.).

In der Nachfolge von Livius deutet er den *historicus* als Lehrer der Moral. Geschichtliche Beispiele interessieren ihn nur, insofern sie Tugenden fördern und von Lastern abschrekken: »historici finis est, illa prosequi que vel sectenda legentibus vel fugienda sunt« (das Ziel des Historikers ist das zu schildern, wonach die Leser streben sollen oder was sie zu vermeiden haben, S. 224).

Danach hat der Historiker bei Petrarca eine dreifache Rolle: Das Geschäft des Quellensicherns und -sichtens geht Hand in Hand mit der rhetorischen Umsetzung des Materials und seiner Auswertung nach moralischen Gesichtspunkten. Vorbildlich im Kontext von »gloria ac virtus« (S. 218) können allerdings nur auserlesene Männer der ruhmreichen Geschichte Roms sein sowie ihrer Gegner, die zu deren Weltgeltung beigetragen haben: Alexander, Hannibal, Pyrrhus. Mit ihnen könnten sich die Fürsten von Petrarcas Zeit keineswegs messen – einzige Ausnahme: König Robert von Neapel -, ja, sie seien eher zu satirischen Zwecken als zur Geschichtsschreibung geeignet (S. 218). Dahinter verbirgt sich deutlich die Absicht, durch die Erinnerung an die Tugend der Alten moralisch bessernd auf seine eigene lasterhafte Zeit einzuwirken (ebd.). Doch kann Petrarcas Hoffnung auf Besserung des Menschen nicht sehr groß gewesen sein, da er zugibt, schon im Altertum berühmte Männer gefunden zu haben, die irgendeinen Charakterfehler hatten (»aliqua insignis nature iniuria«, S. 224). Eigentlich fing das Elend der Menschen sogar bereits mit Adam an (ebd., S. 228).

Wofür sich Petrarca darüber hinaus interessiert, das sind die Sitten, das Privatleben (»vita domestica«, 224), das Aussehen und die überlieferten Worte seiner Gestalten. Hinter diesen Äußerlichkeiten verbergen sich nämlich für ihn häufig die wahren Beweggründe, die innere Realität des Menschen. Das zeigen die zwei erfolgreichsten Porträts des Werkes, die von Scipio und Caesar, die zwei verschiedenen Höhepunkte von *De viris*, die sich aus der langen Entstehungsgeschichte mit wechselnden Akzenten erklären.

Ein treffendes Beispiel liefert ein zu Ehren von Scipio und seines Gegners Hasdrubal veranstaltetes Bankett bei König Syphax von Westnumidien, eine Gelegenheit, die Petrarca benutzt, um die psychologische Mischung von Bewunderung, Furcht und Haß seitens Hasdrubals zu kennzeichnen (S. 240). Scipios Leben und Taten eignen sich eben als Vorbild für seine eigene Zeit. Mehr noch, in dem Afrikaner erkennt Petrarca eine Art Leitfigur für sich selbst, vor allem in dessen Streben nach Ruhm, seiner Neidlosigkeit – nach Augustinus die einzige Todsünde, der Franciscus in *Secretum* II nicht verfallen wäre – und seiner Liebe zu den Wissenschaften. Außerdem war Ennius immer an Scipios Seite, so wie Petrarca als »Ennius alter« Fürstendienste tat (*Prose*, S. 244-248).

Die psychologische Tendenz läßt sich verstärkt in *De gestibus Cesaris* beobachten, einem Porträt, das sich zu einem selbständigen Werk ausweitet und auch so veröffentlicht wurde (Inkunabel Paris 1473). Es ist höchst interessant zu sehen, wie Petrarca Caesars Größe und seine Fehler durchaus kritisch beleuchtet (S. 254) und unter Heranziehung der von ihm selbst aufgefundenen Briefe Ciceros *Ad Atticu*m (256) und darin eingestreuter Schreiben Caesars dessen Beweggründe analysiert (S. 256-266). Mit der Frage, welcher Bürgerkriegspartei mehr zu glauben sei, der Caesars oder der von Pompeius, ist der Historiker gefordert, der zwischen entgegengesetzten moralischen Bewertungen unterscheiden muß.

1.4.2 *Rerum memorandarum libri*

Dies Buch, soweit es als Fragment überliefert ist, enstand zwischen 1343 und 1345 (Inkunabel 1485; kritische Ausgabe von G. Billanovich, 1945). Es handelt sich um eine Sammlung denkwürdiger Geschichten nach dem Muster von Valerius Maximus' *Factorum et dictorum memorabilium libri*, z. T. inspiriert von Ciceros *De inventione*. Die Beispiele stammen aus der römischen, aber auch der griechischen und zeitgenössischen Überlieferung (u. a. Dante, Klemens VI., König Robert) und sind nach dem Prinzip der Kardinaltugenden geordnet: An den Einleitungsteil »Muße« (»otium«) reihen sich drei Bücher mit Exempeln zur »Weisheit« (prudentia). Die drei anderen Tugenden haben genauso wenig wie eine möglicherweise geplante Gegendarstellung der Laster Gestalt gewonnen.

Die Tendenzen der historischen Darstellungsweise geraten hier stärker als in *De viris* miteinander in Konflikt, weil die gelehrte Sammeltätigkeit der historischen Perspektive abträglich ist. Trotzdem liegt das Verdienst Petrarcas gerade im Bewußtsein der Distanz, die seine Zeit am Ausgang des Mittelalters von der Antike trennt: Petrarca »velut in confinio duorum populorum constitutus ac simul ante retroque prospiciens« (ich komme mir vor wie an der Grenze zweier Völker und schaue gleichzeitig nach vorne und hinten, *Rerum* I, 19).

War Petrarca überhaupt zum Historiker qualifiziert? Kessler greift dieses umstrittene Problem auf und kommt zu dem kaum überraschenden Ergebnis, er sei trotz seiner eigenen Überzeugung und der seiner Zeitgenossen (s. die Lorbeerkrönung als »Dichter und Historiker«, BII, 1271) noch kein Geschichtsschreiber im modernen Sinne, sondern »Historiker im Rahmen seiner Zeit« und »für seine Zeit« (1978, S. 19-20), d. h. frühhumanistischer Historiker. Denn Petrarca brach nicht mit der mittelalterlichen Tradition der Historiographie; er griff z. B. die spätmittelalterliche Thematik des »vir illustris« auf und unterscheidet sich noch nicht qualitativ von der traditionellen »philologischen Methode der Quellensicherung und -kritik« (ebd., S. 124).

Fortschrittlich an Petrarcas Geschichtswerken sei einzig »ein neues Verständnis des Menschen« (ebd.). Damit meint

Kessler im Sinne Petrarcas eine Verlagerung von der Univer-
salgeschichte als Heilsgeschichte zur römischen Geschichte als
Serie individueller Porträts von Tugendhelden, von denen die
Menschen seiner Zeit für die Bewältigung der Wechselfälle
Fortunas zu lernen haben (s. Petrarca: »historicorum neque
collector omnium«, kein Sammler der gesamten Geschichte,
Prose, S. 220).

Geschichtsschreibung ist demnach praxisbezogen, sie vermittelt »Handlungsmodelle« (Kessler, 1978, S. 204), mehr
noch: »der Mensch als Subjekt des historischen Geschehens«
(ebd., S. 119) tritt neben den Historiker als subjektiv auswäh-
lender und kommentierender Nacherzähler (»renarrare«).
Während der »vir illustris« mit »gloria ac virtus« gegen Fortuna kämpfend sein Schicksal selbst in die Hand nimmt, also
»nicht Werkzeug der Geschichte, sondern ihr Gestalter« (ebd.)
ist, verzichtet der frühhumanistische Historiker analog dazu
auf eine göttlich gelenkte Universalgeschichte zugunsten eines
säkularen Geschichtsverständnisses ohne religiöse Heilserwar-
tung.

In dieser Hinsicht war Petrarca auf der Höhe seiner Zeit, er
war unter den ersten, aber keineswegs der einzige, der auf die
antiken Quellen zurückgriff und sich »mehr als Berichterstat-
ter«, nämlich als »Schöpfer der Geschichte« verstand (Kessler,
1978, S. 121), da er ihr eine sinnvolle Ordnung und Form
erst abgewinnen mußte (s. auch Noe, 1993, S. 251-277).

2. Lateinische Dichtungen

2.1 *Africa*

In *Posteritati* heißt es, das *Africa*-Epos wurde »von vielen geliebt, noch ehe es bekannt war« (EP, S. 31). Zwar hatte es Petrarca bereits nach seiner Romreise von 1337 begonnen, er
war aber noch lange nicht mit dem ersten Entwurf fertig, als
er dafür schon Vorschußlorbeeren als größter Dichter seiner
Zeit erhielt (Rom 1341; erste Fassung zwischen 1338-1343;
Erstdruck Venedig 1501). König Robert von Neapel starb

(1343), ohne das ihm gewidmete Werk gesehen zu haben. Danach setzte erst die Arbeit des Feilens ein, der Ergänzung und Verschönerung, die bis ans Lebensende dauern sollte. Immer wieder mußte sich Petrarca Mut machen, sein Epos zu vollenden (s. z. B. »Africa poi ch' abbandono le spoglie« in *Nugellae*, Geiger, 1958, S. 765), was ihm unendliche Mühe kostete (*Africa* IX, Zeile 586 f.). Berühmte Zusätze (z. B. Magos Tod in VI) kommen erst nach 1343 hinzu; eine Lücke zwischen Buch IV und V wurde nie geschlossen. So ist es kaum verwunderlich, daß Petrarca sein Epos nicht selber veröffentlichte; Pier Paolo Vergerio publizierte es erst 1396.

Die *Africa* besteht aus neun Büchern in Hexametern und besingt die historischen Ereignisse des zweiten Punischen Krieges (218 bis 201 vor Chr.), als es um die Vormacht im westlichen Mittelmeer ging. Dabei spielte Scipio der Ältere, auch ›Africanus maior‹ genannt, die Hauptrolle im Kampf gegen Hannibal. Im Jahre 204 setzte Scipio nach Afrika über, was Hannibal zur Rückkehr nach Karthago zwang. Bei Zama fiel 202 die Entscheidung gegen Hannibal und für den Sieg der römischen Kultur.

In *Africa* (A IX, 140) läßt Petrarca den Dichter Ennius sagen, jemand, der seine Werke erfindet, könne kein Dichter sein. Entsprechend hat sich Petraca an eine Reihe von Quellen gehalten, u. a. Livius, *Ab urbe condita libri* (Buch 30) für den Verlauf des Geschehens, an Cicero für den Traum Scipios (A I-II, nach *Somnium Scipionis* in *De re publica*), die leidenschaftlichen Szenen zwischen Massinissa und Sophonisba dürften von Ovid inspiriert sein, obwohl dieser keinen Heroiden-Brief über Sophonisba geschrieben hat (A V, s. Ovids *Epistolae Heroidum*) und Vergil für den Stil, ganz zu schweigen von Ciceros Moralphilosophie und Augustins *De civitate Dei* (dazu Calcaterra, 1942).

Aus dieser Traditionskette von Livius zu Augustin erhellt zugleich Petrarcas Absicht: durch Rückblenden und Zukunftsvisionen (s. Scipios Traum in A I-II und Ennius' Vision in IX; außerdem Laelius' Schilderung der römischen Geschichte in III) die gesamte Geschichte des alten Rom zu schildern, das in der Konfrontation mit Karthago einen entscheidenden Wendepunkt erfuhr (A VII). Petrarca feiert das ewige Rom, das noch in seinem Elend zur Zeit Colas bewiesen hat, wozu allein der Klang seines Namens befähigte (A II, 400 f.). Die Gesandten Karthagos läßt Petrarca durch das antike Rom geleiten (IX), so daß neben dem Geist Roms auch die architektonische Grundlage der Stadt zur Geltung kommt.

An das Thema der Größe Roms knüpft das von Ruhm und Vergänglichkeit an, das die Unbeständigkeit im Schicksal von Büchern, Menschen und Völkern bestimmt. Alles Zeitliche muß untergehen (A II, 451). Was bleibt, ist allein die Tugend, die sich den Weg zum Heil bahnt (ebd., 551). Beweise dafür liefern der Untergang des alten Rom, aber auch Scipios und Hannibals Ende sowie Magos Tod (V, 1158 f.).

Und dennoch setzte Petrarca alles daran, gerade durch dies Werk ewigen Nachruhm zu erwerben. Das war seine Absicht, die sich in seinem Epos so stark widerspiegelt, daß man die *Africa* als Ausdruck seines lebenslangen Ringens um künstlerische Vollendung und seiner Sehnsucht nach der Wiedergeburt altrömischen Geistes zu seiner Zeit verstehen kann. Im Vergleich zur Selbstdarstellung fällt die Gestalt Scipios als eigentliche Hauptfigur der Handlung sehr zurück; sie ist so sehr zum Inbegriff römischer Tugend stilisiert, daß sie langweilig wirkt. Diese Charakterisierung entspricht dem Scipio-Bild in *De viris illustribus* (in *Prose*, S. 236-249)

Andererseits läuft Petrarca mit seinem übertriebenen Ehrgeiz, sich selber ins beste Licht zu rücken, Gefahr, seine Leser zu irritieren. Zwischen Scipios und Ennius' Traum von Homer (IX, 295 f.) singt Petrarca immer wieder ein kaum verbrämtes Loblied auf sich selbst, indem er das Eigenlob aus dem Munde von Scipios Vater oder Ennius bzw. Homer fließen läßt. Durch diesen Kniff kann er sich ungeniert einen »Ennius alter« (II, 575) nennen, auf seine Begeisterung und seine Ruhmsucht hinweisen (VII, 671), auf sein langes Exil und seinen Erfolg, die Musen wiedererweckt (IX, 315) und dafür als größter Dichter nach zehn Jahrhunderten den Lorbeer errungen zu haben (IX, 342 f.), und zwar als getreuer Chronist (IX, 354) in den Fußstapfen antiker Vorbilder (ebd., Z. 569).

Gleichzeitig streut Petrarca immer wieder Bemerkungen über den Schreibprozeß ein, über die Schwierigkeit, sich im

Lebenssturm genügend auf *Africa* konzentrieren zu können (z. B. IX, 361; 634), so daß man sein Epos in Genese und Resultat als Dichtung über den Dichter lesen kann. Hat Petrarca die Veröffentlichung bis ans Lebensende hinausgezögert, weil er sich selbst nicht ganz klar war, wieweit er sich selbst verherrlichen durfte? Sicher gab es andere Gründe, da er sich schon früh seiner außerordentlichen Sendung als Dichter bewußt war und sich nie scheute, gegenüber dem ›barbarischen‹ Mittelalter seine eigene Leistung im Dienste der Erneuerung der Literatur stolz hervorzukehren. Tatsächlich rechnet ihm die heutige Forschung einige gelungene Aspekte seiner *Africa* an, u. a. die lyrischen Einlagen zu Massinissa-Sophonisba (V) mit ihrem leidenschaftlichen Bekenntnis-Charakter sowie zu Magos Sterben auf der Seefahrt von Italien nach Karthago (VI) mit einer schönen Meeresschilderung an der Riviera (VI, 1113 f.; s. auch den Eingang zu IX, die Abfahrt von Afrika).

Aus historischer Warte bietet *Africa* (A VII) mit der Begegnung, den Kampfreden und der Schlacht zwischen Scipio und Hannibal ein gelungenes Bild des Höhepunktes in den drei Punischen Kriegen. Die überzeugendste Einheit bieten Buch I-II mit Scipios Traum, Vorausschau auf die Geschichte des alten Rom. Nach der Beendigung dieser Teile (1341) setzte Petrarcas schöpferische Begeisterung immer wieder aus, wahrscheinlich auch deshalb, weil ihn das massive, an Vergils zwölf Büchern orientierte Fundament geistig lähmte. Als heroisches Epos aus einem Guß war die *Africa* gescheitert. Trotz seiner brillanten Idee, Scipio zur Wiedergeburt römischen Geistes in der Literatur zu benutzen, hatte sich der seiner Natur nach völlig unheroische Petrarca im Ton, im Genre und im Protagonisten vergriffen. Schließlich arbeitete er mit Ersatzstücken der epischen Tradition, die durch die Mischung aller möglichen Elemente nur selten eigenes Leben gewinnen konnte. Laut Leonardo Bruni hatte Petrarca nach all den hochgeschraubten Erwartungen nur eine lächerliche Maus geboren (*Dialogus* I, 1401). Daraus spricht die Enttäuschung der Petrarca folgenden Generation, die sein lang erwartetes und verfrüht gepriesenes Meisterwerk erst nach seinem Tode fragmentarisch veröffentlicht fand.

Ganz so negativ sollte man das Epos jedoch nicht einschätzen. Obwohl es in Gero von Wilperts *Sachwörterbuch der Literatur* (1989) im Artikel »Epos« zwischen Dante (*Divina Commedia*, 1307-21) und Pulci (*Morgante*, 1483) nicht auftaucht, ist es durchaus als erster humanistischer Versuch der Erneuerung antiker Form zu würdigen, nicht nur formal in der Vergilnachfolge, sondern auch in dessen Romidee und dem Bemühen Petrarcas, diese für seine Zeit des Kirchenschismas relevant zu machen. Darüber hinaus ist die *Africa* ein wichtiges Dokument für die Ideengeschichte an der Wende vom Mittelalter zum Renaissancehumanismus. Thomas Bergin spricht darum von einem faszinierenden »cultural artifact« (1970, S. 114), womit er auf das dichterische Sendungsbewußtsein und das Selbstverständnis Petrarcas zwischen der klassischen und der christlichen Tradition anspielt.

2.2 Bucolicum carmen

1346 begann Petrarca in der Einsamkeit von Vaucluse seine zwölf Hirtenlieder in der Nachfolge von Vergils Hexametern, dem typischen Wettstreit der Schäfer und dem Verschlüsselungsverfahren (*Bucolica*). Die Arbeit ging ihm rasch von der Hand, so daß die ersten vier Eklogen bald, alle zwölf in der Frühfassung von 1348 vorlagen; 1357 wurden sie überarbeitet und noch bis 1361 mit Zusätzen versehen. (27 Manuskripte sind erhalten, darunter cod. vat. lat. 3358; cod. 14871 der Königlichen Bibliothek Brüssel; Inkunabel Köln 1473; danach erschienen noch 16 Ausgaben allein im 16. Jahrhundert). Über den Ort der Inspiration schrieb Petrarca einen Brief an seinen Bruder, dem er zugleich einen Schlüssel für den ersten Gesang mitlieferte. Trotzdem erschwerten die verhüllten Anspielungen eine sinnvolle Lektüre, was Petrarca bewogen haben muß, auch für die Nummer V einen Kommentar zu schreiben (V 42); hinzu kommen weitere Schlüssel für die Eklogen, u. a. einer von dem Dante-Kommentator Benvenuto da Imola (s. Avena, 1906, S. 43-49).

Wie Vergil vor ihm behandelt Petrarca eine Anzahl unterschiedlicher Themen, entweder Zeitereignisse oder Lebenserfahrungen, einzig verbunden durch den gleichen Stil und Petrarcas Perspektive. Die Forschung hat sich für *Bucolicum carmen* als literarisches Kunstwerk nicht begeistern können. Doch ist diese Hirtendichtung genauso vorbildlich geworden für die Erneuerung der Bukolik wie seine *Africa* für das Renaissance-Epos. Darüber hinaus interessiert sein *Bucolicum carmen* viel mehr durch seinen Inhalt als durch seine Form, denn die über zahlreiche Werke verstreuten Hauptthemen und Sorgen seines Lebens hat er hier zu einem facettenreichen Gesamtporträt zusammengestellt. Fast in allen zwölf Gesängen läßt er seine Anschauungen durch einen Schäfer vertreten; dabei geht es um persönliche, literarische und politische Dinge.

Weder Inhaltsangaben noch Aufschlüsselung sind unsere Aufgabe, es sei vielmehr gezeigt, wie das *Bucolicum carmen* sein Leben im Kontext seines Werkes erhellt. In drei Eklogen besingt er Laura, zunächst als Daphne (Nr. III), sodann als Pestopfer (Nr. X) und am Grabe (XI). Daphne ist Laura und Muse zugleich, die ihm den Lorbeer überreicht und so das Wortspiel Laura-laurea ermöglicht (s. *Canzoniere* und *Secretum*, III); in Nr. X verselbständigt sich Lauras Lorbeer zur Muse, die den Dichter beauftragt, nur »Laura« zu dienen (»hanc unam«, nur dieser, X, Zeile 26). Laura und Lorbeer sind zu einer untrennbaren Einheit verwachsen: »michi laurea cure sola fuit« (der Lorbeer war meine einzige Sorge, Z. 32). Darin besteht gerade der Trost des Dichters, daß der Lorbeer nach dem Tode Lauras ins unsterbliche Jenseits verpflanzt wurde (»felicibus arvis / Inseruere Dei«, umgepflanzt in die seligen Gefilde Gottes, Z. 400 f.). In der 11. Ekloge hat Laura den Namen Galate angenommen; drei Stimmen in der Brust des Dichters beklagen ihren Verlust: Fusca repräsentiert seine irdisch-pragmatische Seite, Fulgida seine höchste Sehnsucht und Niobe seinen echten Schmerz. Darum erklärt diese Laura zum besten Teil der Dichterseele (»optima pars«, Z. 32).

Als politische Allegorien gelten Nr. II, V und XII über den Tod König Roberts, Cola di Rienzo und den Bruch mit dem Hause Colonna. In ihre Nähe rücken die polemischen Eklogen gegen die Kirche in Avignon (Nr. VI und VII). Wie Vergil den Tod Caesars in seiner 5. Ekloge besingt, so Petrarca den Roberts in seinem 2. Hirtenlied. Er gab selber einen

Kommentar zu den Schlüsselfiguren (V 49). Noch in Nr. III preist er den König als Meister der Gelehrsamkeit und in Nr. X bezieht er sich auf seine Dichterprüfung in Neapel.

V, 42 erklärt die Namen der 5. Ekloge; es geht um das ewige Rom, um die Beilegung der Rivalität zwischen den Colonnas (Martius) und den Orsinis (Apicius) sowie den Aufstieg Rienzos, der die Fundamente für Roms Wiederaufbau legte und die Wölfe (»lupos«, Z. 124) aus Rom vertrieb. Daran schließt eine Attacke gegen Klemens VI. an (Mitio in Nr. VI), den Petrus (Pamphilus) zur Rechenschaft über den verkommenen Zustand der Kirche zieht, wobei er den Papst der Bereicherung und der Wollust anklagt sowie der Unwissenheit über das apostolische Leben eines Christen.

Eines der interessantesten Stücke ist Nr. VIII mit dem Titel »Divortium«, worin Petrarca (Amyclas) seinen Bruch mit Kardinal Colonna (Ganymedes) zu entschuldigen versucht. Auf die wiederholten Bitten Ganymeds (»Quo fugis? Expecta«, wohin fliehst du, warte, Z. 1), bei ihm zu bleiben, sich an seinem Reichtum und seiner Macht zu erfreuen, antwortet Amyclas mit seinem Wunsch, aus seinem Dienstverhältnis entlassen zu werden, um als freier Mann in seiner Heimat zu sterben: »Serva iuventa retro est; servilem libera vitam / Mors claudat« (dienende Jugend liegt zurück; das servile Leben beschließe ein freier Tod, Z. 28 f.). Heimweh (»amor patrie«, Z. 56) treibt ihn nach Italien, seinem Ursprung zurück (»ad prima recursus / Principia«, die Rückkehr zum ersten Ursprung, Z. 85). Was ihn solange im Exil gehalten, sei Gewohnheit, Freundschaft und die Liebe zu einem schönen Mädchen gewesen (»forma puelle«, Z. 75). Über Cola di Rienzo als Hauptmotiv seines Bruches schweigt sich Petrarca aus.

Abschließend noch ein Wort zur Ekloge Nr. I: Laut Petrarcas Brief an Gerardo (F X, 4) handelt es sich um einen Wettstreit zwischen den zwei Brüdern um den richtigen Lebensweg und entsprechend auch um zwei Arten von Dichtung. Monicus (Gerardo) knüpft offenbar an die Besteigung des Mont Ventoux an, indem er wie Augustin auf die Lösung aller Probleme im Innersten der Seele verweist: »Cunctorum vera laborum / Ipse tibi causa est!« (der wahre Grund sämtlicher Mühen liegt ganz bei dir, Nr. I, Z. 6 f.). Mit »Mühen« meint er den schwierigen Aufstieg zum Gipfel: »Quis vel inaccessum tanto sudore cacumen / Montis adire iubet?« (wer schon befiehlt mit soviel Schweiß auf die unzugängliche Bergspitze loszugehen?, Z. 8). Monicus hat Frieden vor dem Lärm der Welt in seiner ärmlichen Hütte gefunden; inspiriert von den Psalmen Davids läßt er sich Lieder vom himmlischen Jerusalem vorspielen, während Silvius (Franciscus) Dichter aus Rom und Troja, Vergil und Homer zum Vorbild nimmt (Z. 75 f.). Seine Position ist klar: entweder Ruhm oder Tod (Z. 45); die Liebe zu den Musen treibt ihn an (»Urget amor Muse«, Z. 112), Scipios Leben in der *Africa* zu besingen (Z. 114 f.), deshalb ist er für das weltabgewandte Leben des Bruders auch nicht bereit: »Qui fata neget diversa gemellis?« (wer leugnet das unterschiedliche Schicksal der Zwillinge, Z. 4).

IV. Italienische Dichtungen

1. Trionfi

Ursprünglich hatte Petrarca den lateinischen Titel *Triumphi* gewählt, wie ja die Überschriften zu den sechs allegorischen Triumphzügen auch das Latein beibehalten haben:

> Questi trionfi, i cinque in terra giuso
> avem veduto ed alla fine il sesto
> Dio permettente, vederem lassuso.

> (Wir kennen fünf Triumphe nun hienieden:
> von Liebe, Keuschheit, Tod, von Ruhm und Zeit;
> der sechste wird uns nur von Gott beschieden.
> VI, Zeile 121 f.; Geiger, S. 599)

Petrarca hat mindestens seit 1352 an dieser Terzinendichtung gearbeitet und bis zu seinem Tode immer wieder daran gefeilt. Die Dichtung wurde – wie so viele andere Projekte des Dichters – nie vollendet. Die Überlieferungsgeschichte der Handschriften ist kompliziert. Abgesehen von den mit dem *Canzoniere* zusammengebundenen Manuskripten gibt es noch 67 *Trionfi*-Texte vor der Inkunabel von 1470, mit vielen Varianten und Bruchstücken (Bosco, 1965, S. 238).

Man nimmt an, daß Petrarca den *Triumphus Cupidinis* (der Liebe) schon kurz vor seinem endgültigen Aufbruch aus Vaucluse (1353) begann, heißt es doch eingangs:

> Al tempo che rinnova i miei sospiri
> per la dolce memoria di quel giorno
> che fu principio a si lunghi martiri,

> (Zur Zeit des Frühlings, der mein Weh erneuert
> mit der Erinnerung an den Tag, der milde
> mich zu so großer Marter angefeuert
> I, 1 f.; Geiger, S. 504)

So beginnt Petrarca seinen ersten *Triumphus* mit der Erinnerung an seine erste Begegnung mit Laura am Karfreitag. Sechs allegorische Figuren ziehen wie in einem Reigen an dem inneren Auge des schauenden »Ich« vorbei, in aufsteigender Reihe, indem die jeweils folgende Gestalt die vorige besiegt, ohne daß es dabei zu handlungsträchtigen Momenten käme. Vielmehr geht es um wechselnde Visionen vom Schicksal der Liebenden Petrarca und Laura sowie den Versuch, ihre individuelle Geschichte in die Geschichte der Menschheit einzuordnen.

Eine schattenhafte Figur tritt aus dem Gefolge der Liebe im *Triumphus Cupidinis* auf das dichterische Ich zu und erklärt ihm die Namen der geknechteten Opfer (I, 140 f.; Geiger, S. 505 f.), unter ihnen Massinissa und Sophonisbe und andere Gestalten der Antike, aber auch »una giovinetta (...) piu che candida colomba« (ein Mädchen weißer als eine Taube, I, 3, 90; Geiger, S. 522), Laura, für die der Dichter »auf vielen Bogen mit Kiel und Tinte täglich« seine Gefühle offenbart (Geiger, S. 524; T I, 3, 115-117). Alle miteinander enden im »carcer«, im Gefängnis der Liebe (I, 4, 149; Geiger, S. 534).

Im *Triumphus Pudicitie* (Keuschheit) befreit Laura mit einer Schar tugendhafter Frauen diese Gefangenen, setzt Amor fest und feiert den Sieg im Tempel der Keuschheit zu Rom (II, 178 f.; Geiger, S. 545-46). Auf ihrer Heimfahrt nach der Provence erscheint Laura der Tod als weibliche Trauergestalt (*Triumphus Mortis* III, 1, 31; Geiger, S. 549), die sie in der Blüte des Lebens mit einem goldenen Haar am Karfreitag tötet (III, 1, 114; Geiger, S. 552). Aber in der folgenden Nacht besucht sie den Dichter im Traum und tröstet ihn durch das Bekenntnis ihrer keuschen Liebe zu ihm:

> Fur quasi eguali in noi fiamme amorose,
> al men poi ch'i' m'avvidi del tuo foco;
> ma l'un le palesò, l'altro l'ascose.
>
> (Wir hatten beide uns fast ähnlich gerne,
> zumindest als ich deinen Brand gewahrte;
> doch ich verschwieg ihn, du beschworst die Sterne;
> III, 2, 139-142; Geiger, S. 562).

Sie gab zu, ihn in seiner Leidenschaftlichkeit gelenkt zu haben (III, 2, 119; G. 561).

In Katalogform bietet der *Triumphus Fame* zwei Reihen berühmter Feldherren und Krieger aus der römischen und griechischen Antike. Ausnahmen sind König Robert und Kardinal Colonna. Die dritte Schar bedeutender Dichter und Denker führt Plato an. Aber die Sonne, Verkörperung der Zeit (*Triumphus Temporis*) »trionfa i nomi e 'l mondo!« (schlägt den Ruhm der Welt in Scherben, T V, 145; Geiger, S. 92). Der Dichter sieht in einen klaren Spiegel, woraus ihm eine geheimnisvolle Stimme die Eitelkeit aller irdischen Dinge erklärt (V, 100; G. 590). Menschenruhm schmilzt wie Schnee dahin. »Beato chi non nasce!« (Am besten ist es, daß man gar nicht blühe, V, 138; G. 591).

Schließlich siegt die Ewigkeit (*Triumphus Eternitatis*) über die Zeit, den Tod und eröffnet den Blick des Dichters auf das wahre Sein Gottes; nach der Schuld, die er sich durch sein Hinauszögern auf sich geladen: »O mente vaga, al fin sempre digiuna« (»O irrer Sinn, gelähmt vor so viel Steilen«, VI, 61; G. 596) nähert er sich der Seligkeit des Herrn und begegnet Laura wieder, die ihm vorangeht: »ma 'l ciel pur di vederla intera brama« (den Himmel zu erproben, VI, 138; G. 599). Was das schauende Ich erwartet, ist »chiaro in eterno« (der Ruhm der Ewigkeit, VI, 81; G. 597).

Aus der Skizzierung der sechs Visionen geht klar hervor, worum es geht: eine allegorische Reise der Seele aus der Zeit zur Ewigkeit, aus dem Sündendasein zur Erlösung nach dem Modell von Dantes *Divina Commedia*. Mit Dante teilt Petrarca die Visionen, die Führung des Dichters durch eine kommentierende Gestalt (im *Triumphus Cupidinis*), die immense Gelehrsamkeit und nicht zuletzt die Terzinenform. Zu Dantes Vorbild kommt, trotz der gelegentlich geäusserten negativen Kritik am «Rosenroman« (EM III, 30), das des gereimten *Roman de la Rose* (13. Jahrhundert) hinzu, der auch mit einer Allegorie der Liebe beginnt (*amour courtois*), in deren Gefolge sich weitere Inkarnationen der Tugenden befinden. Das erzählende Ich fällt der »Amour« anheim, die ihm die Gesetze höfischer Liebe auferlegt. In der Fortsetzung des Romans beweist Jean de Meung seine an antiken Schriftstellern gewonnene

Gelehrsamkeit. Nicht zu unterschätzen ist ausserdem die Bedeutung von Boccaccios *L'Amorosa Visione* (1342-43) für die *Trionfi*, denn dort treten Weisheit, Ruhm, Reichtum und Liebe in allegorischen Tableaux auf. Interessanterweise ist die zweite Fassung ihrerseits wiederum von Petrarcas *Trionfi* beeinflusst.

Darum ging es Petrarca vor allem: zu beweisen, daß er in der Muttersprache mit den Größen des Altertums und des Mittelalters wetteifern konnte; das war ein Hauptgrund, warum er so viel enzyklopädisches Wissen in Katalogform in seiner Dichtung unterbrachte. So hat man sagen können, daß die *Trionfi* nicht nur den Triumph Lauras darstellen, sondern zugleich auch den Triumph des frühhumanistischen Gelehrten, der von Literatur inspiriert neue Literatur schafft (s. Bosco, 1965, S. 196).

Dabei ist zu bemerken, wie wenig es sich bei den *Trionfi* um ein neues Thema handelt; vielmehr griff Petrarca hier alle bereits im *Canzoniere* (ab 1336) verarbeiteten Belange in systematisch-allegorischer Weise wieder auf, und zwar in der Absicht, die subjektive Poesie von Liebesglück, -schmerz und -schuld mittels Allegorie und Enzyklopädie auf eine höhere, objektive Ebene zu heben. Den radikalen Neuansatz erkennt Mazzotta deshalb gerade darin, daß die sechs Figuren der *Trionfi* subjektive »existentialia« (Erfahrungen) sind und gleichzeitig zu Allegorien objektiviert über sein Selbst hinausragen (1993, S. 99). Indem Petrarca die Ichperspektive für die inneren Visionen wählte, machte er diese zum Produkt seines Geistes.

Im Mittelpunkt steht also das ›Ich‹ mit seinen verschiedenen Funktionen als erzählende und erlebende, als schauende und kommentierende Instanz, die stets darauf abzielt, das Einzelgeschick der Seele im Kontext der Menschheit zu sehen, z. B.:

> io (...) ratto domesticato fui con tutti
> I miei infelici e miseri conservi;
>
> (so wie jene / die neben mir das gleiche
> Los erlitten; I, 4, 4-6; G. 528)

oder:

Rimirando er'io fatto al sol di neve
tanti spirti e si chiari in carce tetro ...

(Wie Schnee, darauf der Strahl der Sonne
gloste, ward mir beim Anblick all der Leut zumute;
T I, 4, 162-163; G.: 535)

oder:

ed ecco da traverso
piena di morti tutta la campagna

(von allen Seiten klimmend,
erschien das Land mit einmal voll von Toten;
III, 1, 73-74; G. 551)

Aus der kontrastierenden Erfahrung z. B. von Liebe und
Keuschheit, Ruhm und Tod ergibt sich jedoch weder eine einheitliche Allegorie noch eine zielstrebige Entwicklung. Denn
Petrarca allegorisiert sowohl seine eigene Seelengeschichte (Be-
gehren – Tugend – Ruhm) als auch Konstanten im Men-
schengeschick (Zeit – Tod – Ewigkeit; s. Bosco, 1965, S.
193). Wie sich die Allegorien antithetisch gegenüberstehen, so
zerfallen die *Trionfi* auch in zwei Teile. Als subjektive Erfahrungen gehören die ersten beiden Visionen (Liebe – Keuschheit) zusammen, als allgemeinmenschliche Situation die drei
nächsten (Tod – Ruhm – Zeit; s. Amaturo, 1974, S. 361-
362). Trotzdem vermeint man im 6. »Triumph der Ewigkeit«
eine deutliche Synthese der ich- und weltbezogenen Stränge
erreicht zu sehen, am Ziele der im Angesicht Gottes aufgeho-
benen Gegensätze. Von der Gesamtanlage her wäre dies der
Höhepunkt der kontrastreichen, aber linear fortschreitenden
Folge von Visionen. Wer allerdings mehr Wert auf die ge-
schilderte Erfahrungswelt legt, der wird vielleicht die Begegnung mit Laura im *Triumphus Mortis* wegen ihrer lyrischen
Qualität der Aufhebung der realen Welt am Ende vorziehen.

Aus dieser schwankenden Einstellung zum Höhepunkt läßt
sich zugleich die Kritik an den *Trionfi* als Kunstwerk festma-
chen. Schon früh hat die Forschung Petrarca die langwierigen

Kataloge, die leblosen Figuren und vor allem den Bruch zwischen subjektiver Inspiration und allegorisierendem Verallgemeinerungsverfahren vorgeworfen (z. B. »L'erudizione e la lirica restano giustapposte l'una all'altra«, Bosco, 1965, S. 195). Contini meinte sogar:

»Sie [die *Trionfi*] sind ein regelrechtes Mißverständnis, weil sie jeden Keim, aus dem eine Erzählung wachsen könnte, zugunsten einer losgelösten Version ersticken und den ungeheuren Apparat thematischer und heuristischer Pointen in ein Getriebe reiner Klangeffekte verwandeln. Das Ergebnis ist eine abstrakte und symbolische rhythmische Dichtung, wie sie für den Herbst des Mittelalters charakteristisch ist.«(1976, S. 238)

Daß das große Unternehmen schließlich Fragment geblieben ist, beweist, wie schwer es Petrarca gefallen sein muß, seine Seelenschicksale angemessen ins Epische umzusetzen. Das hinderte die nachfolgenden Renaissancehumanisten jedoch nicht, die *Trionfi* zu einem der meistgelesenen und nachgeahmten Werke der Epoche zu machen.

2. Canzoniere

Unter den vielen Werken Petrarcas hat als einziges sein Liederbuch der *Canzoniere* (lateinisch: *Rerum vulgarium fragmenta*) die Zeiten überlebt, was als Ironie der Literaturgeschichte gilt, da Petrarca in öffentlichen Stellungnahmen gegenüber humanistischen Freunden seine italienischen Gedichte immer wieder im Vergleich zu seinem lateinischen Oeuvre geringschätzte; z. B. sprach er von »nugellae«, Tändeleien seiner Jugendjahre (S XIII, 10) und bereut es, im *Canzoniere* so viel Zeit darauf verwandt zu haben (Sonett I, 1; s. auch F VIII, 3: »hinc illa vulgaria iuvenilium laborum meorum cantica, quorum hodie pudet ac penitet.« Daher die italienischen Lieder meiner jugendlichen Mühen, deren ich mich heute schäme). Als Gelehrter verachtete er das Volk und das »Volgare,« die Volkssprache und ihre Literatur: Latein lieferte ihm den

Schlüssel zu den Schätzen der Antike und mit ihren Autoren das Modell für die muttersprachige Dichtung. »In Latin Petrarch looks to the ancient world, in Italian to the lyric tradition of Tuscany [Toskana] and Provence« (Hainsworth, 1988, S. 7). Andererseits – und das ist wieder einer der typischen Widersprüche bei Petrarca – wollte er seit seiner Jugend auch Ruhm in seiner Muttersprache erringen (S V, 2 an Boccaccio) und dichtete zuerst nebenbei und ab ca. 1354 fast ausschließlich auf Italienisch. Und was noch wichtiger ist: ohne sein lateinisches Werk als Vorbereitung und Fundament, insbesondere die psychologische Selbstanalyse im *Secretum*, hätte Petrarca schwerlich die lyrische Meisterleistung des *Canzoniere* erzielen können (s. Calcaterra, 1942 und Noferi, 1962).

Seit Beginn dieses Jahrhunderts hat die Forschung an die 1000 wissenschaftliche Arbeiten der Genese, Analyse und Rezeption des *Canzoniere* gewidmet, nicht nur weil er Seelenspiegel Petrarcas und zugleich Synthese der abendländischen Liebeslyrik, sondern weil er die erste nachantike Anthologie darstellt, worin jedes Gedicht selbständig und zugleich Teil eines durchkomponierten Ganzen, eines organischen Kunstwerkes ist, das über viele Jahrzehnte hinweg ständig im Werden war. Die Entstehungsgeschichte bildet deshalb eines der faszinierendsten Kapitel der Petrarcaforschung und dient darüber hinaus als Paradigma für die Genese eines literarischen Meisterwerkes aus einem lebenslangen Kompositions- und Revisionsprozeß.

Aufgrund der überlieferten persönlichen Zeugnisse (Briefe), Manuskripte und Skizzenbücher läßt sich die Entstehungsgeschichte oft bis in die letzten sprachlichen Details rekonstruieren (s. Wilkins, 1951), ja sogar bis zu Jahr, Tag und Stunde; der Kodex Vat. Lat. 3196 enthält neben 60 Gedichten auch Entwürfe und Verbesserungen mit spezifischen Marginalglossen Petrarcas ; z. B.: »Hoc placet; hic non placet; attende ambiguitatem sententie« etc. (s. Romano, 1955). Im Vergleich von Vat. Lat. 3196 mit der Fassung letzter Hand (Vat. Lat. 3195), hat Wilkins neun verschiedene Entstehungsphasen ausmachen können (1951, S. 194), die mit einzelnen Gedichten bis 1330, als geplante Sammlung bis 1336 zurückgehen. Nach einem eigenen Eintrag in sein Skizzenbuch begann der *Canzoniere* 1342, allmählich Gestalt anzunehmen (Amaturo, 1974, S. 243), aber greifbar wird der Text erst in der von Wilkins angenommenen vierten Fassung, der sog. Chigi-Stufe (Chigi-Manuskript in der Laurenziano-Bibliothek, Florenz, L. V. 176), die zwischen 1356 und 1362 zustandekam und 215 von den endgültigen 366 Gedichten enthält, und zwar bereits aufgeteilt in zwei Gruppen. Unter den weiteren Zwischenfassungen ist die »Kopie von Giovanni« Malpaghini zu nennen, der 1367 viele der Gedichte für Petrarca transskribierte, die später in Vat. Lat. 3195 eingingen; außerdem die sogen. »Malatesta«-Stufe, die Petrarca mit Begleitschreiben (V 9, 1373) an Pandolfo Malatesta sandte. Aus dem Brief geht hervor, wie Petrarca im Alter auf schon vergilbte Texte seiner Jugendjahre zurückgriff, um sie für den *Canzoniere* zu überarbeiten (Das »Malatesta«-Manuskript ist erhalten in Laurenziano XLI, 17 und in leicht veränderter Form in der Biblioteca Quirina zu Brescia unter D II 21).

Sowenig wie Petrarca selbst dies Werk völlig abgeschlossen hat, ist auch die Forschungsdiskussion über seine Genese, die Datierung einzelner Gedichte und die Anordnungsprinzipien je zum Stillstand gekommen. Als Beispiel sei auf die Kontroverse um die Datierung des Eingangssonetts »Voi ch'ascoltate« verwiesen: Wilkins datiert es auf 1347, also vor den Tod Lauras im April 1348 (1951, S. 151 f., 190 f.), Francisco Rico nach ihrem Ableben vor allem aufgrund der sprachlichen und thematischen Analogien zu den Eröffnungsbriefen der *Familiares* und *Epystole Metrice* von 1350 (1976, S. 107-138).

An der von ihm gewünschten Reihenfolge der 366 Gedichte (317 Sonette, 4 Madrigale, 7 Balladen, 29 Kanzonen und 9 Sestinen) hat Petrarca bis zu seinem Ende gearbeitet. Nach dem Tode Lauras ergab sich ihm die Einteilung in »In vita di Madonna Laura« und »In morte di Madonna Laura«; ob die Zäsur aber nach C 263 (»Arbor victoriosa«) oder erst nach 266 (»Signor mio caro«) fällt, hängt von der Interpretation und dem Verständnis der Manuskriptlage ab. (Im Unterschied zur deutschen Gepflogenheit, s. z. B. Geiger, 1958, S. 371, hält die italienische Forschung an C 264, der Kanzone »I' vo pensando« als Eröffnungsgedicht zu Teil II fest, obgleich Laura noch am Leben gewesen sein muß, s. Amaturo, 1974, S. 244

und 353). Ob darüber hinaus eine Gesamtstruktur erkennbar sei, ist von der Forschung schon seit August Wilhelm Schlegel und De Sanctis vielfach diskutiert worden. De Sanctis ließ nur das einzelne Sonett als ästhetische Einheit gelten: die Gedichte könne man wie die Aphorismen Pascals lesen, »sonetto per sonetto« (1869; Reprint 1964, S. 103; s. auch König, 1993); noch 1988 kennzeichnete Peter Hainsworth den *Canzoniere* als Labyrinth, das durch ein »play of instability« (1988, S. 50; auch De Sanctis spricht von zuviel »incostanza«, 1964, S. 97) gekennzeichnet wäre (s. auch Petrini, 1993, S. 135-143: »Il Canzoniere: fragmento o ordo«). Von der offensichtlichen Zweiteilung ist man gelegentlich zu einer Dreiteilung fortgeschritten, und zwar mit schwankender Untergliederung, je nachdem, ob man chronologische, stilistische oder thematische Gesichtspunkte zugrundelegt (s. Foster, 1984, S. 77-81; Amaturo, 1974, S. 275 f.; Bosco, 1965, S. 285).Geht man von der internen Datierung aus, so lassen sich die Gedichte in den Zeitraum zwischen der Begegnung mit Laura 1327 bis zur Erinnerung an ihren Tod ein Jahrzehnt nach der Pest 1358 (C 364: »Tènnemi Amor«) einordnen, mit zahlreichen dazwischen eingestreuten Jubiläums- bzw. Gedenkgedichten (z. B. C 30, 101, 336; dazu s. Foster, 1984, S. 58). Nicht nur der persönliche Kalender spielt hier eine Rolle, sondern auch die Zahlensymbolik von 365 Gedichten und die Schlußkanzone an die Jungfrau »Vergine bella«, die das Leben des dichterischen Ich der Konvention genügend in das Jahr des Herrn einordnen, so daß wichtige Ereignisse wie die erste Begegnung auch mit religiösen Festtagen zusammenfallen (z. B. C 3: »Era il giorno«; zum Leben des Menschen als Tag des Herrn s. auch Augustinus in *Secretum* III: »tota hominum vita (...) diei unius instar habet,« das ganze Leben des Menschen ist so viel wert wie ein Tag, *Prose*, S. 210).

Wie gezeigt (s.o. S. 8f.) betrachtete Petrarca sein Leben als Kunstwerk, und diese Anthologie bot ihm die Gelegenheit, es nach höheren Gesichtspunkten umzukonstruieren, damit beispielsweise Lauras Todestag mit dem Tag der ersten Begegnung übereinstimmen konnte. Denn der Dichter hat offenbar nach 1348 letzteren vom 10. April (Karfreitag 1327) auf den 6. umdadiert, damit er mit der christlichen Zahlensymbolik vom

6. Tag der Woche korrespondierte (dazu s. Foster, 1984, S. 54-55; außerdem Calcaterra, 1942, S. 209-246).

Neben der Zwei- bzw. Dreiteilung und der Zahlensymbolik läßt sich auch eine Kreisstruktur ausmachen, da die Thematik des Eingangssonetts – Konflikt der Seele, Eitelkeit der Welt und Hoffnung auf Erlösung – in der Schlußkanzone wiederkehrt. Zwischen Anfang und Ende ist auch eine spiralartig aufsteigende Seelenbewegung nachgewiesen worden, die man in groben Zügen mit der Pilgerfahrt (s. C 16: »Mòvesi il vecchierel«) eines Menschen vom Sündenfall über Buße und Reue zur Seelenrettung vergleichen könnte, ähnlich dem exemplarischen Heilsweg der Menschheit in den *Trionfi,* aber diesmal Ausdruck der individuellen Seele.

Worin die innere Einheit bei der Vielfalt der Themen, Formen und Seelentöne besteht, dazu kann die Untersuchung der Konfiguration und damit zusammenhängender Leitmotivik beitragen.

Laura

Benedetto Croce meinte schon 1929: »Il suo Dio o la sua dea, il suo ethos, la sua politica appassionata si chiamava Laura« (Sein Gott und seine Götter, sein Ethos, seine leidenschaftliche Politik nannte sich Laura, S. 4). Hinzuzufügen wäre, daß Laura auch seine Poetik und sein Ruhm war, d. h. er hat die Begegnung mit ihr in den dichterischen Mythos von Laura umgesetzt. Laura de Noves (?) heiratete einen Ugo de Sade und machte Petrarca zum Dichter, indem sie sich zum Lorbeer und er sie zu Daphne und sogar Maria verwandelte. Nach ihrem Ableben besucht sie ihren Liebenden, tröstet ihn und verspricht Erlösung. Giacomo Colonna hat Petrarca deshalb auch geradeheraus vorgeworfen, den schönen Namen Laura nur erdichtet zu haben, um seinen Ehrgeiz nach dem Dichterlorbeer zu stillen: »ficta carmina, simulata suspira« (erdichtete Lieder, erheuchelte Seufzer), worauf der Dichter antwortete: »simulatio esset utinam et non furor!« (wenn es nur Verstellung wäre und nicht Raserei, F II, 9, 1335). Auch in einer Versepistel (I, 6, 1338 an denselben) behauptet er, eine »mulier clarissima« (eine hochberühmte Frau) geliebt zu haben, die ihn bekriegt und versklavt hätte und vor der er verwundet in die Welt geflohen sei (»Diffugio, totoque vagus circumferor orbe«, Bigi, 1964, S. 416). Vor ihr habe er sich in die Einsamkeit von Vaucluse zurückgezogen (F VIII, 3, 1349). Die nur »ad se ipsum« bestimmten Eintragungen im Vergilkodex bestätigen die Existenz der geliebten Frau (s. *Vergilianus Codex*, deutsche Übersetzung in Heintze, 1968, S. 432). Wie anders hatte er sich denn ein Porträt von ihr anfertigen lassen und ihre Todesnachricht von seinem Freund Socrates entgegennehmen können (s. Bishop, 1964, S. 68; dazu die dichterische Version ihres Todes in C 336 »Tòrnami a mente«). Da sie in fast all seinen Werken eine entscheidende Rolle spielt, – besonders im dritten Teil des *Secretum,* wo Augustinus Franciscus rät, sich aus der Versklavung an diese Frau zu befreien -, gibt es heute kaum Zweifel an ihrer Existenz (s. bereits Calcaterra, 1949, S. 35-108 und 211-225).

Wichtiger waren die Konsequenzen Lauras für die Kunst, oder, mit Hugo Friedrich gesprochen, entscheidend wurde erst »die Fiktion einer Liebe um eines Kunstwerkes willen« (1964, S. 164). Trotzdem sei an dieser Stelle nicht unterschätzt, wie doch die Begegnung mit dieser realen Frau Petrarca dazu bewogen haben muß, die abstrakten engelhaften Idealfiguren der Troubadoure und Stilnovisten hinter sich zu lassen:

»Nicht als Symbol der Weisheit und Tugend und Botin Gottes, sondern als schöner Körper wirkt Laura in seiner Dichtung, und was ihn begeistert, ist nicht ihr engelhafter Sinn, sondern ihre Gestalt im Grün der Landschaft, im Regen der Blüten, am hellen Bach und im dunkleren Hain; und Hals, Haar, Auge und alle Schönheit eines Frauenkörpers.« (Eppelsheimer, 1926, S. 28)

Nun bleibt Petrarca durchaus nicht bei dieser sinnlichen Laura stehen, sondern sie verwandelt sich in Daphne, seinen Dichterruhm (s. C 34: »Apollo«; C 30: »Giovene donna«; C 115, 188 etc.). Damit verbindet sich das Wortspiel mit laura, laurea, lauro, aura, oro (vgl. etwa C 194: »L'aura gentil«; C 197: »L'aura celeste« und C 23 die Kanzone »Nel dolce tempo«). Damit nicht genug: Thomas Bergin kehrt neben Laura-

Daphne noch weitere Aspekte Lauras hervor, Laura-Sophonisbe, deren Schönheit dem Dichter gefährlich wird (z. B. C 62: »Padre del ciel«) und Laura-Beatrice, die engelhafte Tugendführerin in Teil II (Bergin, 1970, S. 161-165), die erst sterben mußte, damit sie von ihrer weitgehend passiven körperlichen Schönheit befreit zur teilnehmenden Person werden konnte, wie z. B. in C 359, der 27. Kanzone »Quando il soave mio fido conforto«, wo sie sich zum Seelengespräch auf seinen Bettrand setzt. Bei aller Transparenz bleibt Laura auch hier noch eine irdisch liebende Frau.

Das lyrische Ich
Auf den ersten Blick konnte es so aussehen, als ob Laura die Hauptrolle spielte. Laura in ihren verschiedenen Aspekten als Versucherin, als Geliebte, als Ruhmesziel und Erlöserin ist aber hauptsächlich Projektion des Dichters, sie dient ihm dazu, »seine Seelenzustände an ihr widerzuspiegeln und die Geschichte der eigenen Seele zu schreiben, die sich im Gespräch mit sich selbst belauscht (s. C 150: »Amor, che nel penser mio vive e regna«). Laura gibt dem Dichter die Möglichkeit, den Reichtum seines Herzens kennenzulernen.« (Hoffmeister, 1973, S. 13). Die Gedichte sind demnach als Dokumente der Seelenanalyse Petrarcas zu verstehen, der sich nach augustinischem Muster der Innenwelt in der Art eines »memorial tunnel« (Jones, 1969, S. 13) zuwandte, um alle Nuancen und Reaktionen seiner liebenden Seele seismographisch aufzuzeichnen. Der *Canzoniere* ist also keineswegs bloßer Gesang auf Laura, sondern vor allem Selbstdarstellung, wofür symbolisch die Rückverwandlung von Laura-Daphne in den Dichter steht:

> Qual mi fec'io quando primer m'accorsi
> De la trasfigurata mia persona,
> E i capei vidi far di quella fronde...

> (Wie ward mir plötzlich, als ich die Verwandlung
> an mir gewahrte, als mein Schopf zum Laube,
> daraus man Kronen flicht, sich umgestaltet
> C 23, Z. 41-43; Geiger, Kanzone 1, S. 59).

Es ist Laura, die in ihm »cria d'amor pensieri, atti e paroli« (Liebesgedanken, Taten und Worte wirkt, C 9). In ihrer verklärten Gestalt erscheint sie ihm im Traum, sich wie die Jungfrau – oder Beatrice – vom Himmel herabneigend (C 359, Z. 9 f.), um ihn zu Gott zu führen: »Menami al suo Signor« (sie führt mich zu ihrem Herrn, C 362, Z. 9). Der *Canzoniere* läßt sich so als Geschichte einer Seele im Konflikt zwischen irdischer und himmlischer Liebe deuten (s. C 68: »L'aspetto sacro de la terra vostra«), zwischen Segnung der ersten Begegnung mit Laura (C 61: »Benedetto sia 'l giorno, e 'l mese, e l'anno«) und Hilferuf zu Gott (C 62: »Padre del ciel«). Dahinter steckt das Bewußtsein einer zutiefst gequälten Existenz, die im Karfreitag (C 3) auf eine Analogie ihres Leidens zur Passion Christi anspielt und zugleich das Antlitz des Heilandes mit Lauras vergleicht (C 16: »Movesi«). Schließlich, nach heftigen Lebensstürmen (C 189: »Passa la nave«), bittet das lyrische Ich Laura-Maria um Fürsprache bei ihrem Sohn: »Raccomandami al tuo figliuol« (C 366, Z. 135: »Vergine«).

Das lyrische Ich stattet die erfahrene Liebespein mit christologischen Zügen aus, gleichzeitig hegt und pflegt es aber dies Leiden wollüstig wie Narzissus (C 45), denn es erklärt ausdrücklich den Nutzen des Weinens (C 37, Z. 69: »'l pianger giova«) und des Vergnügens daran (Z. 97: »diletto«). Da sich alle Begegnungen mit Laura aus der Erinnerungsperspektive präsentieren, liegt über dem Werk eine elegische Stimmung, Resultat des Rückblendens aus Resignation und Trauer und der Vorausschau auf das Heil voller Erwartung. Aus der Retrospektive gewinnt die »Schmerzensliebe« den melancholischen Grundton des Weltschmerzes schon im Sonett C15: »Io mi rivolgo indietro a ciascun passo« (ich wende mich mit jedem Schritt zurück), wo die Unerfüllbarkeit der Liebe bereits in das Thema von der Vergänglichkeit des Lebens (»al mio viver corto«) übergeht. Die Erinnerung ist gleichzeitig bitter (C 37: »Si è debile il filo a cui s'attene,« schwach ist der Faden, an den man sich hält) und süß (C 126: »Dolce ne la memoria« in der 14. Kanzone »Chiare, fresche«); das einzige Problem besteht darin, seine Seufzer angemessen zu gestalten. Sieht man den *Canzoniere* daraufhin durch, kommt man bald zu dem Eindruck, wie zentral für Petrarca nicht nur die Selbstanalyse war, sondern darüber hinaus der stete Kampf um das treffende Wort; neben der Selbstanalyse steht also auch die Selbstreflexion und der Schreibprozeß im Kontext der Verklärung Lauras.

Der Wandel, der sich nach dem Tode Lauras einstellte, geht aus C 293 »S'io avesse pensato« hervor; es handelt sich offenbar um eine Akzentverschiebung von der Dichtung als Ventil für »il doloroso core« zur Ruhmsucht (»acquistar fama«), und doch ist dies keine endgültige Lösung, denn das ersehnte Heil in der Dichtung wird immer wieder von Zweifeln an ihrem Sinn und der Fähigkeit des Dichters heimgesucht. K. Foster hat dieses Dilemma auf die paradoxe Formel gebracht: der Dichter »is unable to write, yet forced to write; he finds writing therapeutic, and yet it is writing that creates the suffering – love – for which only writing can provide the cure« (1984, S. 62; zur Heilfunktion der Dichtung s. Kanzone 5, C 30: »Ne la stagion«, Z. 57).

Heilung für seine fluktuierenden Seelenkräfte, für Selbstverlust (s. C 70: »Lasso me«, Z. 31: »Che parlo? o dove sono?«) und freudige Trosterwartung fand Petrarca im Wetteifer mit meist vorgefundenen Formen der lyrischen Tradition, die im Prozeß ihrer poetischen Aneignung durch Petrarca weiter entwickelt wurden. Man kann ihn gleichsam als Einfallstor der antiken und mittelalterlichen Liebesdichtung betrachten, als Vermittler ihrer von ihm erwirkten Synthese an die volkssprachige Lyrik Europas. Die lateinischen Quellen kommen nicht nur im ciceronianisch einfachen, unverschnörkelten Satzbau zum Ausdruck, nicht nur in stilistischen Reminiszenzen, sondern vor allem in der Wiederaufnahme des Motivbereiches vom ›dulce malum‹ der Liebesklage, der Metamorphosen und der Vorstellung Amors als kriegsführenden Tyrannen bei Ovid. Darüber hinaus lassen sich überaus zahlreiche Reminiszenzen an Vergil in Stil und Thema (Erinnerung und Melancholie, besonders nach dem Vorbild der *Aeneis*) nachweisen (s. Petrie, 1983). Petrarca kannte die Marienlyrik (s. C 366: »Vergine bella«) und die Troubadours der Provence, wie aus *Trionfo d'amore* (IV, Z. 37-57, u. a. wird der Dichter Arnaldo Daniello genannt, um 1189) hervorgeht. Bei ihnen konnte er ein raffiniertes Repertoire von Themen und Formen einer Liebesdichtung in der Muttersprache kennenlernen. Aus der provenzalischen Lyrik stammt die ursprünglich lehnsrechtlich begründete Situation des unüberbrückbaren Abstandes zwischen Sänger und Herrin, von deren Gruß Leben oder Tod abhängen kann (s. C 37: »Si è debile il filo«, Z. 113-120 und C 63: »Volgendo gli occhi«, wo es heißt: »Salutando, teneste in vita il core;« s. Geiger S. 118: »und hieltest leise mit Eurem sanften Gruße mich am Leben«). Bei den Troubadours ist die Grundstimmung der Resignation, die bittersüße Liebeskrankheit, der Konflikt zwischen sinnlicher Liebe und Frömmigkeit, die Leitmotivik von Liebe und Tod und das Motiv der Läuterung durch Amor vorgebildet. (s. vor allem die berühmten Sonette C 132-134 in der Art der Troubadours: »S'amor non è«; »Amor m'a posto«; »Pace non trovo«). Platonische Elemente scheinen durch, die bei Petrarca aus zweiter Hand stammen, vermittelt durch Augustin und die volkssprachige Lyrik. »Eine Beeinflussung der italienischen Dichtung durch den Platonismus trat erst dann ein, als man mit Platons Werk in unmittelbare Berührung kam, und das geschah im Rahmen des Gräzismus des Quattrocento« (Buck, 1965, S. 9). Übrigens lernte Petrarca spezifische Gedichtformen der Provence sowohl in Avignon als auch über Dantes Vermittlung kennen, u. a. die Kanzone, die Sestine und die Frottola (s. z. B. C 105: »Mai non vo'«).

In Italien entstand die ›sizilianische Dichterschule‹ aus dem Interesse für die provenzalische Lyrik. Am Hofe Friedrichs II. und Manfreds zu Palermo wurde das ›Volgare‹ (Muttersprache) zuerst in Strambotti und Sonetten benutzt, das Madrigal erst 1313. Unter den Stilnovisten des Dolce stil nuovo des späten 13. Jahrhunderts hat Guido Guinizelli in Bologna den ständischen Adelsbegriff zum Seelenadel umgeprägt. Petrarca kannte sowohl die »sizilianische Liederschule« wie auch die Stilnovisten in Florenz (Dante, Cavalcanti, Cino da Pistoia) sehr gut (s. F I, 1). Kürzlich hat Gislinde Seybert das Wesen des Dolce stil nuovo so gekennzeichnet: »Es geht nicht um die zwischenmenschliche Beziehung zwischen Mann und Frau, sondern um die Veredelung des Mannes mit Hilfe der Frau (...) Diese Dichtung, in der sich alles um die Frau zu drehen scheint, konstituiert sich im Grunde (...) aus der Abwesenheit der Frau« (1995, S. 17).

Petrarcas Größe besteht nun gerade darin, die vorbereiteten Formen und Motive übernommen, mit seinem eigenen Seelenleben durchdrungen und dadurch die Tradition neu belebt und umgeprägt zu haben. Mit anderen Worten, die irdische wird in der himmlischen Liebe aufgehoben, ohne daß Laura dabei an Weiblichkeit einbüßt, auch und gerade nicht »in morte«, da sie ihm dann näherkommt als zuvor: »Io gloria in lei, et ella in me virtute!« (C 289 »L'alma mia fiamma«, Geiger, S. 398: »Ruhm ich in Ihr, Sie Kraft in mir erziehen!«). Dazu meint Aldo S. Bernardo völlig überzeugend: »As a result, Laura's image is truly a *nova figura* in the evolution of love poetry« (1980, S. 189), und Eppelsheimer formuliert Petrarcas Umwandlung der Tradition so:

»So tritt Madonna Laura in eine farbigere (...) Umgebung als jede Dame der Trubadure und des *dolce stil nuovo:* in eine Welt klassisch-römischen Lichts. Es rückt ihre Gestalt aus der Sphäre der Abstraktionen und des Spiritualismus in eine – noch verklärte – aber doch gegenständliche Wirklichkeit, aus den Bezirken der Scholastik in die der Renaissance.« (Eppelsheimer, 1926, S. 27)

Wenn diese Aussage auch nach geistesgeschichtlichen Gesichtspunkten zurechtgebogen erscheint, so ist doch eins nicht zu übersehen: Viele Dichter werden Petrarcas Formen, seine stilistische und metrische Technik, die stehenden Motive der Liebessituation sowie den elegischen Ton zwischen Renaissance und Barock nachahmen, was aber unnachahmbar bleiben sollte, das war Petrarcas seelische Durchdringung der Tradition, seine psychologische Analyse der Liebesproblematik bis zu einem Grade, daß man angesichts seines *Canzoniere* von einem Liebesgespräch des Künstlers mit seiner *eigenen* Seele in einem Kunstwerk ohnegleichen sprechen konnte. Denn Laura mußte sterben, »um das Dichter-Ich zur höchsten Vollendung zu führen.« (Seybert 1995, S. 118)

V. Aspekte der Forschung

1. Latein-Italienisch

Auf den ersten Blick scheint es sich bei Petrarcas Werk in Latein und ›Volgare‹ um eine klare Trennung zweier Bereiche zu handeln: hier Gelehrtentum, da Liebesbekenntnisse. Als Gelehrter und ›Vater des Renaissancehumanismus‹ identifizierte sich Petrarca mit Italiens römischer Kultur und Sprache und wollte gar ein zweiter Vergil werden (s. *Africa*). Je mehr er sich dem Studium antiker Autoren widmete, desto mehr ließ scheinbar sein frühes Interesse an der italienischen Dichtung nach und der Moralphilosoph trat in den Vordergrund. Latein wurde die Sprache der wissenschaftlichen Kommunikation des Gelehrten und Kirchenmannes im kosmopolitischen Avignon, Italienisch blieb für Liebeständeleien (nugellae), für »iocus atque solamentum« (Scherz und Entspannung, F XXI, 15 an Boccaccio, ca. 1359). Die römische Antike lieferte das zu verwirklichende Ideal, das Latein sicherte die Kontinuität zwischen Altertum und eigener Zeit sowie zwischen den Mitgliedern der entstehenden internationalen Gelehrtenrepublik, die im Laufe der nächsten Generationen immer mehr von der Nachahmung zum Wettstreit mit Rom antraten.

Petrarca stand am Beginn dieses Umstellungsprozesses und schrieb bezeichnenderweise auch in der Muttersprache; doch dies war kein Bruch mit der Tradition, sondern Signal ihrer ›translatio‹, die die Einheit der Literatur nicht zerstören sondern geradezu stärken sollte. Handelte es sich etwa um eine einheitliche Literatur in zwei Sprachen mit gewissen Funktionsunterschieden, etwa Latein für das Gelehrtentum, Italienisch für Privatdinge? Ganz so einfach liegt der Fall nicht, denn Petrarca benutzte Latein auch im täglichen Verkehr (s. seine lateinischen *Canzoniere*-Glossen, Romano, 1955 und de Nolhac über seine Eintragungen als Gärtner, 1907, II, S. 259 f.). War das ›Volgare‹ die Sprache seines Herzens? (s. noch Contini, der es so formulierte: »Il volgare è solo sede di esperienze assolute«, die Muttersprache ist allein das Zentrum absoluter Erfahrung, 1970, S. 173). Dagegen spricht der Bekenntnischarakter des *Secretum* auf der einen und die epische Objektivität der *Trionfi* auf der anderen Seite. Die Sprachwahl konnte also nicht nur eine Frage der Funktion bzw. der Stilebenen sein. Außerdem ist erwiesen, daß Petrarca in beiden Sprachen Dichterruhm ersehnte (s. z. B. S V, 2 an Boccaccio, wo er von seiner jugendlichen Sehnsucht spricht, sich ganz der italienischen Dichtung widmen zu wollen, weil das ›Volgare‹ noch unverbraucht und perfektibel sei; außerdem C 186: »Se Virgilio et Homero avessin visto«). Offenbar hat Petrarca nie die Hoffnung aufgegeben, im Italienischen gleichen Ruhm zu erringen, und darum hat er sich sein Leben lang darum bemüht, die heilige Kirchensprache nach dem Vorbild der Antike zu säkularisieren (s. Carducci, 1904, S. 727). Demnach dürfte die Zweisprachigkeit Petrarcas dem Wetteifer mit den volkssprachigen Dichtern des Mittelalters entsprungen sein, vor allem mit den Troubadours und den Stilnovisten (s. Bosco: »il Petrarca entrava in consapevole competizione coi poeti provenzali, francesi e italiani«, 1965, S. 159). Deshalb handelt es sich bei dieser Bilingualität eher um ein aufeinander bezogenes Wechselspiel, aufgehoben in dem von Contini beobachteten »unilinguismo« (1970, S. 172).

Obwohl Petrarca die erstrebte klassische Reinheit des Lateins auch in den täglichen Gebrauch übernahm, läßt sich in der »Questione della lingua« des 16. Jahrhunderts die Ironie seiner Bemühungen nicht übersehen. Petrarcas Toskanisch sollte schließlich das Latein verdrängen. Denn »die Wiedergeburt des Ciceronischen Latein machte aus dem Lateinischen eine tote Sprache« (M. Bachtin, *Literatur und Karneval*, 1969, S. 8).

2. Imitatio oder Originalität

In diesem Umwandlungsprozeß spielte die Imitatio-Lehre insofern eine gewichtige Rolle, als es darum ging, antike Formen und antiken Gehalt mit dem Christentum zu versöhnen und dennoch über die Assimilierung hinaus etwas Eigenes, Modernes zu schaffen. Für Leben und Werk brauchte Petrarca die Führung durch die antiken Meister, die es ihm ermöglichten, Handlungsmodelle aus ihrer Welt auf sein Leben formend zu übertragen und dies, sein an der Antike ausgerichtetes Leben, ins Kunstwerk zurückzuverwandeln.

Oft ist die Frage gestellt worden, worin nun – bei aller Nachfolge der Antike – die eigentliche Leistung des Dichter-Gelehrten Petrarca bestehe. Vor allem in den *Familiares* nimmt Petrarca selbst zu diesem poetologischen Problem Stellung. Durch jahrelange bienenfleißige Beschäftigung mit seinen geliebten alten Meistern, an erster Stelle Cicero, ist ihm ihre Vorstellungswelt so zu eigen geworden, daß er zwischen ihnen und seinen eigenen Ideen kaum noch unterscheiden könne (s. F I, 8:«apes in imitationibus imitandas«, den Bienen nacheifernd; dazu F I, 9 und XXII, 2: »sum quem similitudo delectet, non identitas, et similitudo ipsa quoque non nimia«, ich freue mich über die Ähnlichkeit, nicht die Kopie und nicht die sklavische Nachahmung). Die aufgewandte Mühe (»labor«) bei der Aufsuche, Verarbeitung und stilistischen Darbietung der verschiedensten Quellen kennzeichnet den gelehrten Dichter. Petrarca ging sogar so weit, daß er praktisch nie etwas schrieb, was er nicht in Gehalt und Gattung bei den Alten vorgefunden (s. Scaglione, 1975, S. 16), aber wie er alles formulierte, das war seine Sache (»Nolo ducem qui me vinciat sed precedat«, ich möchte keinen Führer, der mich bindet, sondern der mir voranschreitet, F XXII, 2).

Dichtung hatte für ihn drei Hauptquellen: angeborenes Talent, göttliche Inspiration und Gelehrsamkeit, m. a. W., eine Kombination von ›poeta theologus‹ (s. M. O'Rourke-Boyle, 1991 und z. B. EM II, 11) und ›doctus‹ mit dem Ziel, in der elenden Gegenwart an eine große Vergangenheit anzuknüpfen, um seinerseits auf die eigene Zeit einwirken zu können (s. Kessler, 1978, S. 114). Das Petrarca oft vorgeworfene Epi-

99

gonentum seines humanistischen Klassizismus bestand also in einer schöpferischen Nachahmung antiker Modelle unter dem Gesichtspunkt ihrer Brauchbarkeit für seine Gegenwart, jedoch bestimmt für ein hochgebildetes Publikum (s. Bosco, 1965, S. 131:«Si tratta di cultura raffinata destinata a raffinati lettori«, es handelt sich um raffinierte Kultur für raffinierte Leser), das wie Petrarca selbst ein Interesse an der geistigen Wiederentdeckung der Antike hatte.

3. An der Schwelle der Zeiten

Wie vor allem aus dem *Secretum,* aus *De otio religioso* aber auch aus dem *Canzoniere* ersichtlich, gelang es Petrarca nie, den permanenten Konflikt zwischen dies- und jenseitigen Ansprüchen zu lösen (s. Bosco, 1965, S. 86: »il poeta non conquista né l'umano né il divino«). Weder hat er das Mittelalter überwunden noch allein die Neuzeit heraufgeführt. Kessler hat deshalb zu Recht in der häufig bemängelten Inkonsistenz der Petrarcaschen Aussagen (›dissidium mentis‹, z. B. einerseits Preis des Ruhmes, der Rhetorik, der Liebe, des aktiven Lebens, andererseits ihre Verachtung) »eines der Schlüsselprobleme zum Denken Petrarcas« erkannt und ihr ein ganzes Kapitel gewidmet. Er versteht sie nicht als Denkschwäche, sondern als symptomatischen Ausdruck seiner Existenz auf der Schwelle zwischen Mittelalter und früher Neuzeit, ja, darüber hinaus als strukturelle Eigenheit humanistischen Philosophierens (s. die sog. ›Lehre von der doppelten Wahrheit‹, Kessler, 1978, S. 159-162). Außerdem liefert der fragmentarische Charakter seines Gesamtwerkes ein Signal für seinen schöpferischen Geist, der sich offenbar nicht scheute, seine Arbeiten den Umständen entsprechend abzubrechen. Mazzotta deutet dies als Zeichen einer sich bei Petrarca bekundenden »aesthetic freedom which is to be a central component in the self's own self-articulation« (1993, S. 189).

   Worin besteht dann die Einheit von Petrarcas Werk? In jedem einzelnen Werk, ob Fragment oder abgeschlossen, war Petrarca gleichsam auf einer Pilgerfahrt zu sich selbst, ob man

z. B. an den *Canzoniere*, das *Secretum* oder *De otio religiuso*
denkt. Jeder Einzelteil spiegelt die Vielfalt anderer Werke und
zugleich die Einheit seiner Weltsicht, hergestellt durch die
»unity of fragments, as a unity of adjacent parts« (Mazzotta,
1993, S. 4) und angetrieben durch die Erfahrung von Selbst-
zweifel und Gottverlassenheit sowie der Sehnsucht nach Ge-
borgenheit in Gott.

Nicht umsonst hat man Petrarca als den ersten modernen
Menschen bezeichnet, wobei man sich vor allem auf drei
Aspekte seines Wirkens berief: 1. das Selbst als Gegenstand
seiner Dichtung; 2. die Sorge um den Nachruhm; 3. die Literatur im Zentrum seines Lebens und der gebildeten Gesellschaft. Wie man das auch psychologisch bewerten will – als
Neugierde, Eitelkeit, Selbstsucht etc. – , Petrarca entwarf sich
selbst in der Kunst.

»Sich selbst hält er, so wie er nun einmal ist, für eine
höchst wichtige und ganz einzigartige Erscheinung, und seine
große Sorge ist nicht Dantes bange Frage, ob er selbst seiner
Aufgabe auch würdig, sondern der beunruhigende Zweifel, ob
die Welt auch imstande sei, ihn gebührend zu würdigen« (Eppelsheimer, 1926, S. 160). Von daher erklärt sich sein Bemühen um den Nachruhm, am besten dokumentiert im »Brief an
die Nachwelt«, dem selbstentworfenen Denkmal seines Lebens und Wirkens.

Es dabei zu belassen, wäre jedoch allzu einseitig, denn Petrarca wurde ja zum ›Vater des Renaissancehumanismus‹, gerade weil er zugleich über sich selbst hinaussehend ein neues
Bildungs- und Kulturprogramm in die Wege leitete, das durch
die Wiedergeburt der Antike allmählich die Herrschaft der
Theologie und des scholastischen Wissenschaftsbetriebes verdrängen sollte und nicht nur das Selbst zum Zentrum der Literatur machte, sondern den ›homo litteratus‹ in den Mittelpunkt der Gesellschaft rückte sowie durch Reisen und
Korrespondenz die humanistische Gelehrtenrepublik aus der
Taufe hob.

Aber auch diese ›Vaterschaft‹ Petrarcas ist in der jüngsten
Forschung nicht mehr unumstritten. Aus Noes Studie (1993) geht
hervor: Grundpfeiler jeder Humanismus-Definition waren
bisher folgende Gleichungen: 1. Humanismus=Wiederbele-

bung der Antike=Pflege des Lateins; 2. Humanismus=Entdeckung der Welt; 3. Humanismus und Buchdruck=Neuzeit. Gegenüber Jacob Burckhardt und noch Buck, der mit Petrarca »als Prototyp des sich seiner selbst bewußt gewordenen Individuums« die Renaissance einsetzen läßt (1969, S. 29), wird Humanismus heute oft nicht mehr als geschlossenes System an der Zeitenwende von Mittelalter und Neuzeit aufgefaßt, ja, *den* Humanismus bzw. die ›studia humanitatis‹ gäbe es überhaupt nicht mehr (Noe, 1993, S. 38). Kein einzelner Ansatz aus der Zeit Petrarcas habe etwa die weitere Entwicklung in Italien in linearer Folge hervorgebracht, sondern verschiedene Ausgangspunkte. »Das Denkmodell ›Petrarca-Florenz‹ darf heute als verabschiedet gelten.« (ebd., S. 253). Ähnlich steht es mit der Forschungslage in Deutschland. Soll man mit dem Beginn der Petrarca-Rezeption am Anfang des 15. Jahrhunderts, mit Peter Luders Rede von 1456 oder mit der Reformation beginnen? Hinsichtlich der Wiederbelebung der Antike dürfen weder der volkssprachige Humanismus des 15. noch die Kontinuität mit den mittelalterlichen Humanisten des 12. Jahrhunderts vergessen werden. Da antike Modelle oft den Blick auf die Welt verstellten (s. Enea Silvio Piccolominis *Tractatus de liberorum educatione* an Siegmund von Tirol, 1443, wo Bücher als Quelle der Erfahrung dienen, übersetzt Niclas von Wyle, *Translationen*, X, 1478), ist Humanismus durchaus nicht immer mit der Entdeckung der Welt identisch (Noe, S. 275). Außerdem ist die Gültigkeit der dritten Gleichung zu überprüfen, da der Humanismus lange vor Gutenberg einsetzte und humanistische Handschriften noch lange danach angefertigt und verbreitet wurden (ebd., S. 349). Damit sind lang gehegte Überzeugungen ins Wanken geraten, und trotzdem bleibt Petrarca seine entscheidende Rolle als Initiator der massiven ›translatio manuscriptorum‹ von den transalpinen Ländern nach Süden, auf der die philologische Basis des italienischen Humanismus beruhte. Wie im nächsten Kapitel zu sehen, ist die deutsche Rezeption des Humanismus aber nicht von Florenz ausgegangen, sondern vom abklingenden Frühhumanismus Petrarcas, wodurch sich aufgrund der Verspätung »ein Hauch von Rückständigkeit und Provinzialisierung« des deutschen Gelehrtentums erkläre (ebd., S. 96; 133).

VI. Rezeption

Mit einem Bescheidenheitstopos eröffnet Petrarca seinen »Brief an die Nachwelt«:

»Vielleicht hörst du einmal etwas über mich – obwohl ein so kleiner und dunkler Name durch die vielen Jahre und Länder kaum zu dir gelangen mag –, und dann wünschest du vielleicht zu wissen, was für ein Mensch ich war und wie es meinen Werken ergangen, besonders jenen, von denen ein Gerücht zu dir drang oder deren armen Namen du gehört hast. Die Menschen werden über mich verschieden urteilen.« (EP, S. 25)

Petrarcas Werk hat eine geradezu unvergleichliche Wirkungsgeschichte in der europäischen Kultur bis ins 19. Jahrhundert gehabt, und dies ist keineswegs nur der Liebe zuzuschreiben, die den Dichter berühmt machte (s. C 360, 28. Kanzone, Zeile: »Salito in qualche fama / Solo per me«), sondern vor allem in den ersten hundertfünfzig Jahren seinem Ansehen als humanistischem Moralphilosophen, danach den *Trionfi* und erst im 16. Jahrhundert dem *Canzoniere*. Die Ironie der Rezeptionsgeschichte besteht gerade darin, daß Petrarca seinen Ruhm durch die heute weitgehend vergessenen lateinischen Werke gesichert sah, ihn aber gerade die als »Tändeleien« herabgespielten Liebessonette unsterblich gemacht haben (dazu Mann, 1984, S. 108 f. und Bergin, 1970, S. 180-191: »The enduring Petrarch«). Trotzdem: Die Ausstrahlung des lateinischen Werkes auf Lebensführung, Moral und Stil der Humanisten ist in den romanischen und germanischen Ländern nicht hoch genug einzuschätzen. Von der herrschenden Spekulation und Dialektik der Scholastik wies Petrarca den Weg zu einem humanistischen Erziehungs- und Bildungsideal, das auf einer praktischen Moral- und Lebensphilosophie beruhte, einem Lebensstil, den er selber exemplarisch vorgelebt hat (s. Kapitel II). Dieser Praxisbezug seiner Morallehre sollte noch bis zu Bacon und Montaigne nachwirken, und zwar so nachhaltig, daß Sottili den Begriff des volksprachigen Petrarkismus um einen vorausgehenden bzw. parallel laufenden »lateinischen Petrarkismus« ergänzt wissen wollte (in Schalk 1975, S. 27; vorher Nauwelaerts, 1972, S. 181). So spricht er von einem »deutschen lateinischen Petrarkismus des 15. Jahrhunderts« (1982, S. 130), sicher mit einer gewissen Berechtigung, da Petrarcas lateinische Moralphilosophie die Voraussetzung für den *Canzoniere* bildet. Gegen diese Verwendung spricht jedoch, daß sich der Terminus ›Petrarkismus‹ für die typisch petrarkistische Liebeskonzeption der volkssprachigen Lyrik in der Forschung eingebürgert hat (s. Hempfer, 1987, S. 256).

1. Das lateinische Werk

1.1 Ausgangspunkt Italien

Die Rezeption des lateinischen Werkes begann noch zu Lebzeiten Petrarcas in Florenz mit Boccaccios *De vita et moribus domini Francisci Petracchi de Florentia* (1348-49), worin er den zum Dichter gekrönten Petrarca als Reinkarnation Vergils feiert, als Erneuerer der antiken Welt. Boccaccio (1313-1375) hatte selber an dessen Dichterprüfung und -krönung teilgenommen und sollte nicht nur der wichtigste Vermittler von Petrarcas humanistischer Gelehrsamkeit an seinen florentinischen Freundeskreis werden, sondern auch sein bedeutendster zeitgenössischer Erbe, der sich seit 1360 für das Griechischstudium einsetzte und enzyklopädisch die Antike erschloß (*De casibus virorum illustrium; De genealogia Deorum;* s. Billanovich, 1947, Kapitel II; Guglielminetti, 1975, S. 81 f.).

Zum florentinischen Petrarca-Kreis gehörten außer Boccaccio auch die Gelehrten Zanobi da Strada, Lapo da Castiglionchio, Francesco Nelli – der Briefpartner aus den *Familiares* – und Coluccio Salutati, Staatskanzler von Florenz (gestorben 1406). Salutati wollte ein zweiter Petrarca werden, pries diesen nach seinem Tode vor allen antiken Dichtern und Dante als das neue Modell (*Epistolario* I, 1891, S.

176) und begeisterte die junge Generation (u. a. Poggio und Leonardo Bruni) für das Studium der Antike.

Wichtiger als Florenz wurde Padua (Universitätsstadt der Republik Venedig) durch Petrarcas Aufenthalt dort und in seiner Umgebung (Arquà). Dorthin kamen erste Bitten um Abschriften seiner Werke, die sich nach 1374 an seine literarischen Erben in Padua richteten. An den Signor Francesco il Vecchio da Carrara hatte Petrarca seine Bibliothek vermacht, an seinen Freund Lombardo della Seta den schriftlichen Nachlaß. Dieser stellte Fragmente zusammen, ergänzte sie (z. B. *De viris*) und ließ sie abschreiben. In kurzer Zeit wurde Padua zur Kopierzentrale von Petrarcas Werken für ganz Europa; jedoch kam es schon 1388 im Gefolge eines Eroberungskrieges der Visconti von Mailand zur Aufteilung der Petrarca-Bibliothek zwischen Padua und Pavia. Nach dem Untergang der Carrara-Dynastie (1405) zerstreuten sich zudem die Schüler und Freunde Petrarcas, ein großer Teil der ursprünglichen Bibliothek wurde schließlich von Frankreich (ab 1499 in Mailand) der Pariser Königlichen Bibliothek (später: Nationalbibliothek) eingegliedert.

Diese Diaspora von Büchern, Manuskripten und Schülern kam der zunehmenden Ausstrahlung des Meisters zugute. Nicht umsonst bezeichnet Billanovich ein Kapitel seines Buches (1947, S. 297 f.) »Da Padova all' Europa;« denn zum Palast kam die weltberühmte Universität hinzu, die Gelehrte und Studenten aus aller Herren Länder anzog. Unter den Professoren war der bedeutende Jurist Francesco Zabarella (1360-1417), der Petrarca-Bücher sammelte und an Pier Paolo Vergerio (1370-1444) vererbte, Professor der Dialektik in Florenz und Bologna und Erstherausgeber der *Africa*. Später verbreitete er Petrarcas Ruhm in Prag und Budapest.

So gingen von Padua, aber auch von Venedig, Pavia, Mailand, Florenz und nach der Rückkehr der Päpste aus Avignon (1376) auch von Rom wichtige Impulse zur Verbreitung der Petrarcaschen Moralphilosophie – in ihrer Synthese von Antike und Christentum und als neues Bildungsprogramm gegenüber der Scholastik – auf die transalpine Gelehrtenwelt aus. Mit einem Wort: Hier entstanden die Grundlagen der europäischen Gelehrtenwelt (s. Amaturo, 1974, S. 379: »L'umanesimo petrarchesco impronta in tal modo la nuova cultura europea.« Der Petrarcasche Humanismus prägt derart die neue europäische Kultur).

1.2 Der lateinische Petrarca in Deutschland

Petrarca war aufgrund seiner Reisen an den Rhein sowie nach Basel und Prag, seiner Begegnung mit Karl IV. und einer umfangreichen Korrespondenz mit deutschen Gelehrten (s. Texte in Piur, 1933) eine bekannte Gestalt in Deutschland. Seinen persönlichen Kontakten ist es zu verdanken, daß Petrarca bereits zu Lebzeiten eine gewisse Rolle an der böhmischen Hofkanzlei zu Prag spielte. Ihn jedoch wie früher Karl Burdach (1929) und Piur (1933) für die kurze Blüte des Vorhumanismus in Böhmen verantwortlich zu machen, beruht auf einer Überbewertung spärlicher Fakten: Kaiser Karls berühmter Hofkanzler Johann von Neumarkt (etwa 1310-1380), der maßgeblich an der Grundlegung der frühneuhochdeutschen Schriftsprache mitwirkte, schätzte Petrarcas Stil so sehr, daß er ihn als Muster für seine eigenen Schreiben übernahm und Beispiele ihrer Korrespondenz in das amtliche Urkundenbuch *Summa Cancellariae Caroli IV* (vor 1380) einfügte.

Johannes von Tepl, ein Mitarbeiter Neumarkts, sollte nach Burdachs Auffassung seinen *Ackermann von Böhmen* unter dem Eindruck des böhmischen Petrarca-Kultes im neuen humanistischen Geiste verfaßt haben, doch haben sich keine direkten Bezüge zu Petrarcas Werken nachweisen lassen. Indirekt könnte sich jedoch »die für den Humanismus konstitutive Hochschätzung der Rhetorik« (Buck, 1984, S. 58) auf den *Ackermann* ausgewirkt haben (s. das Widmungsschreiben an Peter Rothers). Eine Stiluntersuchung über mögliche Bezüge zwischen Petrarca und Neumarkt steht noch aus. Beweise für eine durchaus bestehende Brücke zwischen dem Paduaner Petrarca-Kreis und Böhmen mit zahlreichen hier entstandenen Petrarca-Handschriften liefern 1. »der sogenannte Fürstenspiegel Karls IV.«, der nach neueren Forschungen auf einen Auftrag Karls an Niccolò Beccari zurückgeht, der 1376 aus Padua kommend am Prager Hof als Erzieher angestellt wurde und für seinen Tugendkatalog etwa ein Drittel aus Petrarcas »De avaritia« (S VI, 8) übernahm (Buck, 1984, S. 55 f.); 2. ein Manuskript des Olmützer Domkapitels (ca. 1405-1410), eine Anthologie lateinischer Schriften Petrarcas, seiner Vita von Vergerio und einiger Briefe Neumarkts (Burdach 1929, S. 5 f.).

Eine zweite literarische Brücke zwischen Italien und Deutschland bildete neben Böhmen Tirol mit seiner Hauptstadt Innsbruck, wo ein Fragment der ältesten deutschen Übersetzung von Petrarcas *De remediis* aus der Zeit um 1400 erhalten ist (Knape, 1986), Zeugnis eines sehr frühen Beginns der Petrarca-Rezeption, aber doch nicht so isoliert erscheinend, denkt man an entsprechende Bemühungen in Böhmen und an Oswald von Wolkenstein, der im Lied Kl 10 (ca. 1420, Ausgabe Klein, 1962, S. 27) Petrarca nennt, von dem er auf seinen vielen Reisen (Italien, Kirchenkonzile) oder über Vergerio in Prag gehört haben mag (Mücke, 1974).

Neben den Höfen (Prag, Innsbruck) hatten auch die Universitäten und Klöster eine führende Rolle im Rezeptionsprozeß. Fast ausnahmslos studierten die deutschen Frühhumanisten an italienischen Universitäten. Unter den ersten Kopisten noch des 14. Jahrhunderts sind namentlich bekannt Nicola Rotenstein aus Jena, Hermann der Deutsche und Heinrich aus Preußen (Billanovich, 1947, S. 354; 370). Albrecht von Eyb, Niclas von Wyle, die Schedel-Brüder, Heinrich Steinhöwel, Siegmund Meisterlein, Rudolf Agricola u. a. m. studierten in Padua und Pavia – hier gab es allein in der zweiten Jahrhunderthälfte fast 600 Promotionen (Noe, 1993, S. 59). Steinhöwel wurde sogar Rektor in Padua, Johann von Dalberg Rektor in Ferrara, Eyb verbrachte sechzehn Jahre in Norditalien. Sie alle schrieben Manuskripte ab, übersetzten sie und arbeiteten Teile aus Petrarcas Werk in ihre Bücher ein. Petrarca war ihr Meister, »Petrarchisten sind die meisten deutschen Frühhumanisten gewesen« (Sottili, 1982, S. 128). Sie stellten die humanistischen Anthologien noch während ihrer italienischen Studienzeit zusammen, ohne sich dabei ausschließlich auf Petrarca zu konzentrieren. Dieser wurde mit den Werken seiner Zeitgenossen und nachrückender Generationen rezipiert, von Salutati über Zabarella und Vergerio bis zu Poggio und Enea Silvio Piccolomini (1405-1464). Über 500 Petrarca-

Handschriften sind heute in den Bibliotheken erfaßt (für den deutschsprachigen Raum vergleiche man Sottili, Padua 1971 und Besomi, 1965). Aus Alfred Karneins Analyse geht hervor, daß diese Manuskripte »das gesamte lateinische Werk Petrarcas« enthalten (1988, S. 167), darunter an erster Stelle die Briefe, danach *De remediis*, *Griseldis* und *Vita solitaria*, und zwar nicht als stilistische Vorbilder, sondern als lebenspraktische Modelle, als Anweisungen zum tugendhaften Leben. Sein Latein galt nämlich um die Mitte des 15. Jahrhunderts bereits als veraltet (ebd., S. 171). Von der Rezeption des lyrischen Werkes gibt es bis 1578 keine Anzeichen.

Zur humanistischen Rezeption der Studenten kommt die Mittlerfunktion der Universitäten hinzu, denn in Wien, Leipzig, Basel, und Freiburg hielt man Vorlesungen über Petrarca (Sottili, 1982, S. 130), als stammte er aus der Antike. Man las ihn »nicht mehr unter fromm mittelalterlichen Aspekten« (ebd., S. 133), sondern als Anleitung für ein erfolgreiches Leben. Das schließt keineswegs eine Aufnahme seiner Schriften in religiösen Kreisen aus, im Gegenteil: Die Petrarca-Bestände in österreichischen Klöstern sind beachtlich (Kloster Fiecht, Heiligenkreuz, Stift Kremsmünster, Klosterneuburg; außerdem Dominikanerkloster Wien; Salzburg, s. Sottili, ebd., S. 130).

»Petrarca hat Gebete und Psalmen verfaßt, das mönchische Leben gepriesen, sich selbst als Freund des Kartäuserordens bezeichnet und die Verweltlichung der Kirche aufs schärfste verurteilt. Sollen wir uns unter diesen Umständen wirklich wundern, wenn Prediger in ihren Sermones aus seinen Werken zitieren, wenn Bischöfe (...) sich in die Lektüre von Petrarcas *Secretum* und von *De remediis* vertieften, wenn Mönche seine Psalmen beteten und Auszüge aus seinen Schriften in die frommen Viridaria Aufnahme fanden?« (ebd., S. 133)

Spuren einer ersten Kenntnisnahme Petrarcas ergaben sich über den voralpinen Raum hinaus bis nach Löwen (s. *Africa*-Zitat in einer Rede von 1435, Schalk 1975, S. 184 f.). Der Niederländer Rudolf Agricola (1444-1485) studierte in Italien (Pavia, Ferrara, Padua), wo er nach der Vorlage von Pier Candidos *Vita* seine *Vita Petrarchae* (ca. 1473) als Mischung von Leben und Rhetorik konzipierte. Darin rühmt er Petrarca als Wiedererwecker der ›studia humanitatis‹, dem seine Generation viel verdanke. Im Mitttelpunkt steht der Versuch, die Liebe zu Laura zu verstehen und die Anerkennung von Petrarcas psychologischem Interesse (»hominem nosse«, den Menschen kennen; s.. Bertalot, 1928).

Zwei Beispiele sollen den erstaunlichen Erfolg des Morallehrers Petrarca vor der Blüte des volkssprachigen Petrarkismus veranschaulichen:

Rezeption von De remediis

Zusammen mit der *Griseldis* gehört *De remediis* zu den Spätwerken, die zuerst auf Latein und in den Volkssprachen verbreitet wurden. *De remediis* zählt zu den meistdiskutierten und -zitierten Büchern in beiden Sprachbereichen (Karnein, 1988, S. 169, 172). »Mehr als 50 Übersetzungen in 9 verschiedene Sprachen, darunter 13 – die relativ größte Zahl! – ins Deutsche, erschienen im Laufe der folgenden drei Jahrhunderte, während das lateinische Original zwischen 1474 und 1756 in 18 Ausgaben gedruckt wurde.« (Schottlaender, 1988, S. 36). Bekannt am Prager Hof seit 1361 (s. F XXIII, 9 und 10) übertrug man es zuerst ins Französische (1378), darauf ins Spanische (1510), Deutsche, Englische (vor 1525) und Italienische (1549). Nach Niclas von Wyles »beduncken« würde eine Übersetzung ins Deutsche »alle anderen tütsche bücher die jch gelesen hett in lobe wyt« übertreffen (*Translationen*, Ausgabe 1861, S. 314).

Die hier betonte deutsche Rezeption begann mit einer fragmentarisch überlieferten Übertragung in einer Innsbrucker Handschrift ca. 1400 (s. Knape, 1986), die eine Brücke schlägt zwischen dem Prager Vorspiel und dem Beginn des eigentlichen deutschen Humanismus um 1450 (Noe, 1993, S. 130). Noch vor den lateinischen Drucken von 1468 (Straßburg) und 1496 (Gesamtausgabe der lateinischen Werke Petrarcas) beschäftigte sich Albrecht von Eyb mit *De remediis*. Er übernahm eine Sammlung moralischer Sentenzen vor allem aus dem 2. Teil des »Trostspiegels« (nach italienischer Vorlage) in seine *Margarita poetica* (Ms. 1459, D. 1472). Kurz darauf ging Niclas von Wyle daran, zwei Kapitel aus demselben Buch (Nr. 25:«De infamia«; Nr. 18: »De uxoris amisone«) in seine 15. Translatze einzubauen (D. 1478). Von Adam Werner von Themar sind Übersetzungsauszüge aus dem Jahre 1516 überliefert.

Für die Entwicklung des humanistischen Übersetzungsverfahrens und die Leserschicht sind zwei Übertragungen von *De remediis* besonders interessant, erstens *Von der Artzney bayder Glück*, übersetzt von Peter Stahel und Georg Spalatin mit den berühmten Illustrationen des »Petrarca-Meisters« herausgegeben unter Mitarbeit Sebastian Brants (Augsburg 1532, Reprint Leipzig, Hamburg 1984). Bisher sind alle Versuche gescheitert, den »Petrarca-Meister« zu identifizieren; zweitens der *Trostspiegel* von Stephan Vigilius (Augsburg 1539) mit kritischer Einstellung zum latinisierten Deutsch der Ausgabe 1532. In der Vorrede bezeichnet Vigilius Petrarcas Werk als »mittelstrasse« auf dem Weg zum ewigen Leben (Karnein, 1988, S. 180).

Aus dem Vergleich der Vorreden von Wyle (1478) mit dem letzten Nachdruck der Vigilius-Übersetzung (1637) erfährt man, daß das ›Trostbuch‹ an den Adel und die bürgerliche Ober- und Mittelschicht gerichtet war und für die Erziehung der Jugend Maßstäbe setzte. In Jakob Wimpfelings pädagogischer Reformschrift *Adolescentia* (1499) heißt es in bezug auf den Lektüreplan: »Falls aber irgendein Mißgeschick dir Kummer bereitet, nimm dir Francesco Petrarca, der für alle Schicksalsfügungen (...) Heilmittel (...) anführt« (zitiert Trillitzsch, 1981, S. 188). Die 1572er Vigilius-Auflage reiht die deutsche *Remedia* schließlich in die ›Hausväterliteratur‹ ein, nicht im Sinne der antiken Lehrbücher der Ökonomie, sondern der Morallehre, die in der Volkssprache schon vor dem 15. Jahrhundert existierte und deshalb einen fruchtbaren Kontext für die überaus erfolgreiche Eindeutschung des lateinischen Hauptwerkes Petrarcas bildete (s. Karnein, 1988, S. 170; 180-184).

Durch diese Konzentration auf Petrarca gewann der deutsche Humanismus besonders in stilistischer Hinsicht einen konservativen Zug im Vergleich zur italienischen Weiterentwicklung, die bald nach 1400 statt von Padua vom florentinischen Humanismus geprägt wurde und auf Petrarca zur Zeit seiner transalpinen Assimilierung bereits mit Distanz reagierte (s. Noe, 1993, S. 95-96).

Griseldis

Die Moraldidaxe spielte auch bei der Rezeption der *Griseldis* entscheidend mit; in diesem Falle handelt es sich um eine erstaunliche Erfolgsgeschichte, gerade weil auch diese Novelle in eine schon vorhandene Tradition paßte, den »Ehediskurs« (Karnein, 1980, S. 170) in lateinischer und volkssprachiger Form. Petrarca hatte in seiner lateinischen Bearbeitung von Boccaccios *Decameron* (X, 10) die *Griseldis* weitgehend dialogisiert und in einen Brief eingerahmt (S XVII, 3) einem internationalen Publikum zugänglich gemacht (*De oboedentia ac fide uxoria mythologia*, 1373). Er verstand das Leiden der Griseldis als Beispiel für den Kampf von ›virtus‹ gegen ›fortuna‹ und letztlich als Parabel für den von Gott geprüften Menschen, weshalb der grausame Ehemann mit edleren Zügen auszustatten war. Nicht Boccaccios *Griseldis*, sondern diese lateinische Version wurde in den *Seniles* und hundertfach in selbstständigen Handschriften des 15. Jahrhunderts verbreitet (Noe, 1993, S. 328) und parallel dazu immer wieder in die Volkssprachen übertragen, wobei im Laufe der Rezeptionsgeschichte das frühhumanistische Weltbild Petrarcas (Seelenadel vor kritisch gesehenem Geburtsadel, autonomes Handeln vor Eingriff des Überirdischen) weitgehend einer strikten Morallehre untergeordnet wurde, insbesondere dem Prinzip von der Fügsamkeit der Frau und der Erziehung der Jugend (s. Bertelsmeier-Kierst, 1988, S. 180).

In Deutschland gab es im 15. Jahrhundert bereits fünf *Griseldis*-Bearbeitungen; die erste stammt von dem Kartäuser Erhart Grosz (*Grisardis*, 1432), übersetzt aus der Absicht heraus, »rechte ehzucht« zu demonstrieren. Ursula Hess bezeichnet die Heldin als »Märtyrerin einer Heiligenlegende« (1975, S. 47), die Eyb in sein *Ehebüchlein* (1472) einbaute; die zweite kommt aus der Hand von Arigo (=Heinrich Österreicher?) in seinem verdeutschten *Decameron,* 1472 (X, 10); 3. gibt es eine mittelfränkische Fassung (ca. 1460), die das Walten der Vorsehung akzentuiert; viertens eine mitteldeutsche *Griseldis* (nach

1450), die die Ehefrauen unterweisen will und fünftens Heinrich Steinhöwels Version (Ms. ca. 1461; D. 1471), die bis
1628 neben den weitverbreiteten Handschriften 27 Auflagen
erlebte (s. Bernstein, 1978, S. 79-81).

»Der entscheidende Schritt bei Steinhöwel liegt nun darin,
daß er die Erzählung nicht mehr in den Ehediskurs einbettet,
sondern in Richtung literarischer Autonomie drängt«
(Karnein, 1988, S. 179). Im Laufe der nächsten Jahrhunderte
fächerte sich die Rezeption der *Griseldis* in verschiedene Gen-
res auf, z. B. in dramatische Bearbeitungen (u. a. Hans Sachs'
»Comedi« *Grysel*, 1546; Thomas Dekker et al.: *Pleasant Come-
die of Patient Grisill*, 1598-99; G. Hauptmann: *Griselda*,
1909), in das Volksbuch von *Griseldis* in England und
Deutschland (16. Jh.), Balladen, Romanzen und Opern (G.
Orlandini, 1720; A. Scarlatti, 1721; A. Vivaldi, 1735; F.
Paer,1796; s. Frenzel, 1963, S. 221).

2. Die italienische Dichtung

Petrarca wäre glücklich gewesen, wenn ihn seine Nachfahren
nicht nur imitiert, sondern auch übertroffen hätten (»ex imi-
tatoribus sint victores«, F XXIV, 12). Und das geschah nur zu
bald, denn der »Vater des Humanismus« galt unter den neulateinischen Gelehrten kurz nach seinem Tode nicht mehr als
Vorbild für ein elegantes Latein, und in den Muttersprachen
setzte nach 1500 eine Nachahmungswelle ein, die mit *Trionfi*
und *Canzoniere* wetteiferte.

Das italienische Werk verdrängte dabei zusehends die lateinischen Schriften, obgleich die lateinische die Voraussetzung
für seine italienische Dichtung lieferte. Ja, Contini spricht sogar von einem »unilinguismo«, Einsprachigkeit in stilistischer
und lexikalischer Hinsicht (1970, S. 173 f.).

Die Ironie bestand darin, daß Petrarca seine Modellhaftig-
keit für das neulateinische Schrifttum verlor, um sie doppelt
für die italienische Literatur zurückzugewinnen, nämlich als
Muster für das Toskanische und für die Liebespoesie des sogenannten Petrarkismus (s. Hempfer, 1987, S. 257). Als Vorbild

für den poetischen Diskurs, kodifiziert in Bembos *Prose della volgar lingua* (D. 1525), konnte Petrarca nicht ohne Weiteres auch Modell für einen spezifischen Typ von Liebesdichtung sein (s. Hempfer, 1993, S. 189).

Zahlreiche Probleme ergeben sich bei einem Versuch, die Bedeutungsgrenzen und Funktionen des ›Petrarkismus‹ zu bestimmen (s. Kapitel VI, 2, 3). Nur dies ist unbestreitbar: Petrarca war das Muster, ja gelegentlich hat man ihn sogar als den ersten Petrarkisten bezeichnet (s. Sozzi, 1963, S. 7). Jedoch wurden seine italienischen Dichtungen nicht nur in der Literatur rezipiert, sondern zunächst in Kunst und Musik.

2.1 Die *Trionfi*

Über die heute erstaunlich erscheinende enthusiastische Rezeption der *Trionfi* im 15. und 16. Jahrhundert erfahren wir aus schriftlichen Kommentaren, bildlichen Illustrationen und spektakulären Prozessionen. Die wichtigste kommentierte Ausgabe erschien 1475. Zu unterscheiden ist zwischen der literarischen und der künstlerischen Wirkung. Auch *De remediis* (s. o. S. 110 »Petrarca-Meister«), *De viris* (»Caesar«) und *Africa* regten interessierte Künstler zur Verarbeitung der Motive an, aber kein Titel hatte einen so überwältigenden Erfolg in den graphischen Künsten wie die *Trionfi* in Italien und darüber hinaus in Spanien, Flandern, England etc. Häufig kam es dabei zu einem fruchtbaren Wechselspiel der Künste.

Der literarischen Wirkungsgeschichte kam es zugute, daß die *Trionfi* ab Ende 15. Jahrhundert oft mit dem *Canzoniere* zusammen gedruckt erschienen. Aus der allegorischen Literatur sind in Italien Sannazaros *Trionfo della Fama* (1492) und Lorenzo il Magnificos Karnevalslied *Trionfo di Bacco e d'Ariana* (vor 1492, Neuausgabe 1960) zu erwähnen, in Spanien Lope de Vegas *Triumphos divinos* (1625), in denen sich ein spiritualisierter Petrarca mit Torquato Tasso-Einflüssen mischt (s. Müller-Bochat, 1957, S. 6 f.). Der Marqués de Santillana verfaßte seine *Triunfete de amor* im Stile Petrarcas ca. 1435 (Eisenbichler, 1990, S. 291 f.). Nach A. Cruz spielte die spanische Übersetzung der *Trionfi* schon im frühen 16. Jahrhundert eine wichtige Rolle bei der Konstitution der spanischen Renaissance, und dies im Anschluß an die Eigentradition des *Cancionero*. Eine adäquate Übertragung der *Trionfi* durch Hernando de Hozes erschien 1550 (ebd., S. 317 f.). Ein Beispiel für eine frühe wechselseitige Erhellung der Künste bietet Thomas Mores *Nyne Pageauntes* von 1503 in England, die als Begleittext für von ihm selbst entworfene Gobelins entstanden sind (Carnicelli, 1971, S. 47); die Übersetzung Lord Morleys kam 1554 (*Triumphes of Fraunces Petrarcke*) offenbar als ein politischer Akt im Kontext einer Intrige um Elizabeth I. heraus (s. Eisenbichler, 1990, S. 325 f.).

Den jüngsten Forschungsstand bietet jetzt ein Sammelband von Eisenbichler und Iannucci (1990). Aus der Gesamtanlage gehen die verschiedenen Wirkungsbereiche der *Trionfi* hervor: Nach Teil I, der Petrarcas Vorbilder bei Ovid, Vergil, dem mittelalterlichen Schauspiel, Dante und Boccaccio (*L'Amorosa Visione*) untersucht, widmet sich Teil II der Interpretation von Allegorie und Rhetorik, Teil III der Ausstrahlung der *Trionfi* auf die bildenden Künste, Teil IV den Übersetzungen und Nachahmungen. Teil III liefert die wichtigsten Fakten zur bildlichen Darstellung der *Trionfi*; im letzten Viertel des 15. Jahrhunderts geschah dies meist in der Wiedergabe der sechs Szenen der Triumphzüge als Dekoration auf Schmuckkästen und Gobelins, hingegen nach 1500 mit dem Akzent auf einzelnen *Trionfi* wie z. B. Fama (s. Nyholm, ebd., S. 235-259). In Isabella d' Estes Studiolo in Mantua befinden sich Triumphgemälde an den Wänden (ab 1501), z. T. von Perugino und Mantegna unter Verwertung von Petrarca-Motiven. Interessant ist, daß sich auch Luca Signorelli für seine Fresken im Dom von Ovieto (1509) an Dante und Petrarca inspirierte (ebd.). Botticelli malte den ›Triunfo della divinità‹ in seinem Petrarca-Zyklus. Ergänzende Beobachtungen stammen von Jean Seznec (1980, S. 134-149). Er macht u. a. auf den Kontext der Kunstgeschichte aufmerksam, der diese umfassende Rezeption erleichterte, nämlich den der römischen Triumphzüge der höfischen Feste. Nach Seznec finden sich die ersten Illustrationen in illuminierten *Trionfi*-Manuskripten (ab ca. 1379; z. B. von Apollonio di Giovanni, s. M. Jasenas, 1974), danach an Schmuckkästchen, auf Stichen und

Gobelins. Cesare Ripa weist in seiner *Iconologia* (1613) besonders auf Petrarcas *Trionfi* als Inspirationsquelle hin.

Einige wichtige Gesichtspunkte lassen sich an dieser Stelle festhalten:

1. Petrarcas *Trionfi*, gelegentlich unter gleichzeitigem Bezug auf *Africa* (III), liefern wichtige Impulse für die Triumph-Mode des 16. Jahrhunderts. Offenbar war Meister Petrarca ein bedeutendes Glied in der Überlieferungskette von der wiederentdeckten römischen Antike über die mythographische Tradition des Mittelalters (z. B. Albricius, *Liber ingenium deorum*, 13. Jh.) bis zum 16. Jahrhundert mit seinen standardisierten Typenfiguren (Mars, Amor etc., s. Seznec, S. 134).

2. Häufig lassen sich die Modelle für diese Illustrationen nicht scharf voneinander trennen, da sich die Bezüge überkreuzen, so etwa zwischen Dante, Petrarca und Boccaccio. E. Nyholm spricht deshalb von einem »metapetrarchism« (Eisenbichler, 1990, S. 254).

3. Die *Trionfi*-Ausstrahlung erlangte internationale Dimensionen, zuerst durch zahlreiche Übersetzungen, z. T. mit Illustrationen (z. B. in Frankreich zuerst Godefroy le Batave, ca. 1525), dann aber auch durch Stiche (z. B. Mantegnas), Fassadenmalereien und Gobelins, die nördlich der Alpen hergestellt wurden, besonders in Flandern (z. B. Brüsseler Gobelins »The Triumphs of Petrarch« im Victoria and Albert Museum, London und die Mantegna-Entwürfe im Hampton Court Palace), aber auch in Wien (s. Seznec, 1980, S. 144-146).

4. Wie Waller ausführt (Eisenbichler, 1990, S. 349-358), gewann die *Trionfi*-Rezeption in Europa analog zur petrarkistischen Lyrik (s. u. VI.2.3) auch gesellschaftliche Relevanz, denn z. B. herrschte schon vor Petrarcas Aufenthalt in Venedig (1362-1368) dort eine Tradition spektakelhafter Umzüge, die nach dem Erscheinen von Petrarcas Werk neue Impulse erhielt, besonders was die Corpus Christi Prozessionen mit ihren Tableaux vivants angeht. Es handelte sich dabei um Gemeinschaftsveranstaltungen mit politischem Anliegen, um Macht zur Schau zu stellen. Ähnlich ging es in Florenz, Rouen und Lon-

don zu. Im Elisabethanischen England wurden diese pompösen Umzüge so populär, daß eine Gattung ›Triumph‹ entstand, die auch in Sidneys, Shakespeares und Spensers Werk eine Rolle spielt, obgleich direkte Bezüge zu Petrarca meist nicht mehr nachweisbar sind; z. B. übersetzte Spenser »The Visions of Petrarch« nach Marots französischer Version von »Standomi un giorno« (C 323; s. auch die ›Triumphs‹ in *The Faerie Queene*, 1590-96; dazu Carnicelli, 1971, S. 54-66). Erst der Aufstieg der höfischen Masken und Triumphe des absolutistischen Zeitalters führte in England zum Verfall der *Trionfi*-Nachfolge bürgerlicher Prozessionen (ebd., S. 357).

2.2 Das Kunstlied

Petrarcas italienische Dichtung zeichnet eine vom Dichter intendierte Musikalität der Sprache aus, die zahllosen Komponisten Europas bis ins 20. Jahrhundert nicht entging. Er selbst hat diesen Aspekt noch dadurch gefördert, daß er seine Laura mit engelhafter Stimme singen läßt (z. B. C 63: »la voce angelica soave«), daß er unter seine Sonette vier Madrigale mischte sowie Sängern und Hofdichtern auf Verlangen Texte lieferte (s. S V, 2 an Boccaccio). Vielleicht entstand so das Duett Jacopo da Bolognas »Non al suo amante« (nach C 52, vor 1350 in Mailand, s. Stevens, 1980, S. 156 f.). Einer seiner besten Freunde war der Musiker ›Socrates‹ bzw. Ludwig van Kempen aus Flandern.

Von dem niederländischen Komponisten Guillaume Dufay (1400-1475) ist eine berühmte Motette auf Petrarcas Kanzone »Vergine bella« (C 366) aus dessen italienischer Frühzeit am Hof zu Rimini (ca. 1427) erhalten. Aber nicht nur die geistlichen, auch die weltlichen Texte Petrarcas wurden im 15. Jahrhundert an den italienischen Höfen gesungen. Serafino dell' Aquila (1466-1500) sang z. B. Petrarca-Sonette, Kanzonen und *Trionfi*-Auszüge zur Laute (Caanitz, 1969, S. 76-77). Seine musikalischen Improvisationen sind nicht überliefert, doch existiert eine erste Komposition von »Pace non trovo« (C 134) aus Mailand (ca. 1470), worauf im 16. Jahrhundert noch zwölf weitere Variationen folgten. Erst nach Bembos Auftritt

(*Prose,* 1525) setzte eine wahre Flut von Petrarca-Kompositionen ein, wobei die Frottola, das Tanzlied didaktisch-satirischen Inhalts, zusehends den Primat an das Madrigal abgab. Am bekanntesten unter den Frottolisten ist Tromboncino (ca. 1450-1535), der für Isabella d' Este arbeitete. Seine Kanzonen (u. a. C 37) sind in den elf berühmten Frottole-Sammelbänden Petruccis aus Venedig enthalten (1504-1514, Liber XI allein mit 20 Petrarca-Kompositionen aus Mantua, Verona, Lodi und Pavia). Das Madrigal wurde jedoch nach Bembos Analyse (*Prose* II, 11) zur beliebteren Form. Hauptvermittler Petrarcas in der Musik waren zunächst die niederländischen Meister in Oberitalien, Adrian Willaert und Cipriano de Rore, danach Italiener wie Rampollini mit sieben Petrarca-Kompositionen (*Il Primo libro de la musica,* vor 1560), Palestrina (z. B. die Kanzone »Vergine bella, 1581) und Monteverdi, der auf Heinrich Schütz wirkte. Häufig verfaßten diese Musiker sowohl Frottole als auch Madrigale. Nach Stevens nähert sich Monteverdis Version von »Or che 'l ciel« (C 164) der Oper (1980, S. 162-166).

Willaert war Kapellmeister an San Marco in Venedig und brachte dort seine *Musica nova* 1559 mit 22 Madrigalen auf Petrarca-Sonette heraus. Als Begründer der venezianischen Schule zählte er zu seinen Anhängern Cipriano de Rore und Nicola Vincentino, die sich ebenfalls Petrarca-Texte suchten. Von Oberitalien gelangte die Madrigalkunst nach Deutschland, England und Frankreich. Orlando di Lasso wurde nach seiner Ausbildung als Sängerknabe in Italien Kapellmeister am Lateran in Rom und nach Wanderjahren in Frankreich und Flandern an die Hofkapelle in München berufen. Vielen seiner italienischen Lieder unterlegte er Petrarca-Texte; von 22 Kompositionen des *Primo libro de Madrigali* (Venedig 1555) basieren 16 auf Petrarca; ab 1560 entnahm er auch Texte aus den *Trionfi* für seine italienischen und französischen Drucke (Caanitz, S. 137; 153-154).

Niederländische und deutsche Komponisten zogen damals nach Italien (z. B. Schallenberg und Schütz), Italiener an deutsche Höfe. Flamen komponierten zeitweise im süddeutschen Raum ihre Madrigale. 1561 brachte Giaches de Wert in Venedig und Augsburg ein Madrigalenbuch mit Petrarca-Texten heraus, darunter eine *Triumphus Cupidinis*-Komposition. 1577 vertonte di Monte, kaiserlicher Chormeister in Wien, Sonette Petrarcas. Ab 1584 kamen die ersten Kanzonetten heraus. Selbständige Leistungen erzielten die deutschen Musiker Schallenberg (1590), Hans Leo Haßler (*Madrigali*, Augsburg 1596, mit zwei Petrarca-Sonetten) und Schein mit ihren Madrigalen.

Damit wurden Petrarcas Gedichte nicht zu Gassenhauern und Schlagern, aber sicher läßt sich im Zuge der Italienisierung des deutschen Liedes ein starkes Interesse an seinen Gedichten nachweisen. (Stationen auf dem Weg Petrarcas ins 20. Jahrhundert sind: Joseph Haydns Konzertarie auf das Sonett »Solo et pensoso« (C 35; D. 1798), Schuberts Sonett-Vertonungen von 1818 (nach Übersetzungen von A. W. Schlegel und J. D. Gries), Liszts »Drei Petrarca-Sonette« (Wien 1847), Schönbergs »Sechs Orchester-Lieder« (Op. 8, 1911) mit drei Petrarca-Texten sowie seine »Serenade« (auf C 256, Op. 24, 1924), Fortners »Petrarca-Sonette für gemischten Chor a capella« (Mainz 1980) und Harald Genzmers »Vier Petrarca-Chöre« (Frankfurt 1982).

Zu den hundertfachen musikalischen Versionen – Caanitz zählt für das 16. Jahrhundert allein in Italien 1450 Sonett-Kompositionen der Madrigalisten (1969, S. 78) – kommen noch die hier nicht erwähnten zahllosen an Petrarca inspirierten Instrumentalwerke für Laute, Cembalo und Orgel hinzu (s. Stevens, 1980, S. 178); z. B. sei verwiesen auf »The Traces of Petrarch and virtuosity in sacred music from the 16th and 17th centuries« (sound disc, Musical Heritage Society, 1981) und abschließend noch die Ballettoper *Pétrarque* (Marseilles 1873) von Duprat und Harmenon.

2.3 Petrarkismus-Definition

Petarkismus ist ein Sammel- und Hilfsbegriff der Forschung, der viele, teilweise heterogene Phänomene des Stils, der Schulen und Dichter bis ins 19. Jahrhundert aus vielen Ländern inklusive Lateinamerika (z. B. Peru) betrifft. Je armseliger der Petrarkismus im Vergleich zur Romantik erschien, desto mehr versuchte die Forschung seit De Sanctis (1869), den Petrarkismus von Petrarca abzurücken. Jedoch hat sich in den letzten Jahrzehnten eine gerechtere Beurteilung des Petrarkismus durchgesetzt, und dies unter dem Eindruck neu entdeckter Affinitäten zwischen Petrarca und seinen Nachfolgern und der Einsicht, daß der Petrarkismus von den historischen und poetologischen Bedingungen der Renaissance und des Barock aus zu verstehen sei. Die größte Gefahr besteht darin, den Begriff entweder zu eng oder zu weit zu fassen und dann sowohl an der Dichtungswirklichkeit vorbeizugehen als auch den Terminus für wissenschaftliche Arbeiten untauglich zu machen. Nur durch mehrfache Annäherung läßt sich ›Petrarkismus‹ fassen, wobei es sich empfiehlt, von Hoffmeisters Versuch (1973) ausgehend, an die jüngste Forschungsdiskussion bei Hempfer und Regn (1987) anzuknüpfen. Hempfer unterscheidet eine normative Bestimmung von deskriptiven, strukturellen und funktionalen Definitionen.

– normativ: Wie viele andere Stilbegriffe entstand Petrarkismus aus der ablehnenden Reaktion, in diesem Falle auf die erste Nachahmungswelle der Bewunderer Petrarcas in Italien (s. Francos Parodie *Il Petrarchista*, 1539). Diese negative Einschätzung spiegelt sich noch in der »Krankheits-und Epidemiemetaphorik« der Forschung bis hin zu Hugo Friedrich, wonach der Petrarkismus auf einer »repetierenden Routine« (1964, S. 314) beruhen solle. Hempfer weist dagegen zu Recht auf die Unterschiede zwischen den verschiedenen ›Petrarkismen‹ des 15. und 16. Jahrhunderts hin (Bembisten gegen Marinisten) und lehnt eine negative Einschätzung des waltenden Dichtungsprinzips *imitatio* ab. »Eine historisch adäquate Analyse« würde auch durch die weitere normative Kategorie von der »Unaufrichtigkeit« der Petrarkisten verhindert (Hempfer, 1987, S. 254-255).
– deskriptiv: Den Petrarkismus normativ zu bestimmen, gelingt nicht, weil zu viele Variationsmöglichkeiten, entstanden im Wetteifer (›aemulatio‹) mit anderen Liebesvorstellungen, dies unmöglich machen.

»Bezeichnungen wie ovidischer, anakreontischer, pastoraler, emblematischer oder politischer Petrarkismus machen die petrarkistische

119

Variationsbreite deutlich. Der thematischen Vielfalt entspricht die Skala der Nachahmungsmöglichkeiten, die von der Übersetzung Petrarcas über die freie Bearbeitung und einfache Nachahmung bis zur originellen Umgestaltung reicht, aber auch die Imitation der Nachahmer einbegreift« (Hoffmeister, 1973, S. 38).

Darum hat man den Petrarkismus auf die direkte oder indirekte Nachahmung des *Canzoniere* einzuschränken versucht (z. B. Wilkins, 1950, S. 327), d. h. man unterscheidet im Grunde einen primären, auf Petrarca bezogenen Petrarkismus und einen sekundären Petrarkismus, also den der Nachahmer der Petrarkisten untereinander, ihrer Einschmelzung anderer Liebesauffassungen oder auch ihrer Kontrafaktur, ob nun in der Literatur, in der bildenden Kunst oder der Musik. Im Einzelfall wäre jeweils zu entscheiden, inwieweit dann noch der Bezug zu Petrarcas Liebeskonzeption, Motivik und Stil gewahrt blieb – und zwar nicht nur zum *Canzoniere*, sondern zu den *Rime* insgesamt so wie Bembo sie redigiert und kodifiziert hat (1501; 1525). Im Idealfall kommt es zur Integration von formalen und thematischen Kennzeichen, z. B. im petrarkistischen Liebessonett. Es genügt jedoch nicht, einen Dichter nur aufgrund der benutzten Sonettform unter die Petrarkisten einzureihen. Und petrarkistische Motive, Topoi etc. finden sich eben auch in anderen lyrischen Dichtarten, außerdem im Epos (Ariost, *Orlando furioso*), im Drama (Shakespeare) und Roman (Montemayor, *Los Siete libros de la Diana*, 1559). Deskriptiv betrachtet umfaßt Petrarkismus alles, was dem Sprach- und Stilideal Petrarcas bzw. Bembos entspricht und von ihren Nachfolgern in Form (›toscanità‹) und Inhalt (Liebeskonzept) aufgegriffen wurde. Die Essenz des sog. Antipetrarkismus als spielerische Variante des Petrarkismus besteht in der ironischen Inversion der petrarkistischen Liebeskonzeption, wodurch unter Beibehaltung formaler Korrespondenzen etwa der übliche Frauenpreis in die Absage an die Liebe übergeht (z. B. bei Opitz, 1624; s. Fechner, 1966).

– strukturell: »Die Feststellung einer indirekten Abhängigkeit von Petrarca setzt letztlich die Rekonstruktion eines ›petrarkistischen Systems‹ voraus (...); jede neue Bestimmung (...) hat sich nicht nur gegenüber den Texten selbst zu rechtfertigen, sondern auch hinsichtlich des Selbstverständnisses der Epoche und der bisherigen wissenschaftlichen Theoriebildung über diesen Gegenstandsbereich« (Hempfer, 1987, S. 257; 259). Pyritz hat z. B. den Petrarkismus als »das zweite große erotische System von internationaler Geltung nach dem Minnesang« bezeichnet (1963, S. 301), und andere Forscher haben ihm beigepflichtet, wobei nach jüngster Theorie zwischen dem idealtypischen Konstrukt und seiner konkreten Realisierung in Einzeltext oder Zyklus zu unterscheiden sei (Hempfer, 1987, S. 261; Regn, 1993, S. 257). Auch für Quondam ist Petrarkismus ein Sprach-System (1991, S. 192), das sich an Petrarca als Modell der italienischen Dichtersprache ausrichtete. Allerdings kein starres System, sondern ein »dynamischer Systembegriff« liegt zugrunde wegen der »historischen Variabilität petrarkistischen Dichtens« (Hempfer, 1987, S. 269), m. a. W., das »Spiel der Texte« (Regn, 1993, S. 255) führt zur ständigen Rekonstruktion und Dekonstruktion des offenen petrarkistischen Systems, das den antipetrarkistischen Scherz aus dem ›Formprinzip des Witzes‹ (Böckmann, 1949) in sich begreift und nur einen der Liebesdiskurse neben anderen darstellt, wodurch sich Systemelemente mit »Komponenten anderer synchroner Systeme« in konkreten Texten mischen konnten (Hempfer, 1987, S. 265).

Es handelt sich in der poetischen Wirklichkeit der Zeit um die Koexistenz und Interferenz mehrerer Liebesdiskurse, neben dem Petrarkismus um die antike erotische Dichtung (*Anthologia Graeca*, D.1494), die burleske italienische Dichtung auch unabhängig von Petrarca (Berni, Aretino, Franco) und die neuplatonische Konzeption (Ficino, *Libro dell' Amore*, 1469). Das beste Beispiel für die Pluralität der Liebessysteme liefert Bembo in seinen *Asolani* (1505), wo er der petrarkistischen Schmerzensliebe, dem Hedonismus und dem Neuplatonismus je ein Buch widmet. Auf die Vielfalt der Liebesdiskurse hatten schon R. Alewyn (1932, s. 1965, S. 441) und Hugo Friedrich (1964) aufmerksam gemacht, nur verwendet die jüngste Forschung im Sinne der Intertextualitätsdebatte andere Termini, spricht z. B. von »alternativen Diskurstypen« und vom Petrarkismus als »Vertextungssystem« (Hempfer, 1988; S. 251), wobei Petracas Dichtung im Petrarkismus »als ein intertextuelles Netz der Verweisungen und Erinnerungen unmittelbar präsent« bliebe (Hempfer, 1993, S. 147).

– funktional: Man hat verschiedentlich versucht, zwischen dem Meister Petrarca und den epigonalen Petrarkisten zu unterscheiden, zwischen formal-äußerlichem und thematisch-innerlichem »echten« Petrarkismus, zwischen Petrarkismus und der romantischen »Petrarca-Rezeption«, zwischen ernsthaftem und geistreichen Petrarkismus (für letzteren s. Forster, 1993, S. 166), außerdem zwischen weltlichem und geistlichen sowie männlichem und weiblichem Petrarkismus (s. Höpfner, 1993, S. 115 f.). Offenbar enthielt die petrarkistische Liebeskonzeption so viel dynamische Sprengkraft, daß die abstrakte Konstruktion des Liebessystems auf der Basis von Petrarca, Bembo und der *Canzoniere*-Kommentare des 16. Jahrhunderts zu einem befreienden »Spiel der Texte« führte, einem Spiel mit der poetischen Überlieferung (»lusi per otium«): »Die Dichter der Zeit wollten ›diletto‹ (Ergötzen) durch ›arguzia‹ (Spitzfindigkeit) stiften« (Hoffmeister 1973, S. 3), weshalb System und Scherz nicht in Opposition miteinander treten, sondern das Spiel aus dem Formprinzip des Witzes geradezu als »Funktion des petrarkistischen Systems zu begreifen« ist (Hempfer, 1987, S. 267). Diese Funktion muß man im Lichte der gesellschaftlichen Rolle des Petrarkismus im Zuge der zunehmenden Bildung des literarischen Publikums zunächst an den italienischen Höfen sehen, der Rolle der spielerischen Unterhaltung.

»Der Petrarkismus ist deshalb so erfolgreich, weil er in die Sprache der höheren Gesellschaft eingeht und in Ernst oder Scherz bis zur Heirat führen kann. Zuerst an den Fürstenhöfen Italiens als Modesprache anerkannt, wirkt er in Verbindung mit dem neuplatonischen Ideengut auf die Verfeinerung der Sprache, der Sitten und des Geschmacks ... in ganz Europa maßgeblich ein »(Hoffmeister, 1973, S. 32-33).

Treffende Beispiele für die gesellschaftliche Funktion des Petrarkismus liefern Forsters Arbeiten; z. B. nahm Elizabeth I. in den Sonetten von Sir Walter Raleigh und George Puttenham ab 1579 Lauras Position ein und verwandte diese idealisierte Rolle zu ihrem politischen Vorteil (1969, S. 122 f.).

Kennzeichen

Die Liebeskonzeption des Petrarkismus beruht semantisch auf einem klar identifizierbaren Motivkreis, und, funktional davon abhängig, auf dessen Manifestation in Stilelementen und Gedichtformen. Der Kern des Systems ist die Antinomie der Liebe, ausgedrückt in der grausamen Ablehnung der engelsschönen Dame und den Qualen des in Melancholie versunkenen Liebenden, der vergeblich auf Mitleid hofft: »Nicht nur das Liebesleid [steht] im Vordergrund, sondern der Liebende muß sein Leid auch bejahen und lustvoll in den Schmerz eintauchen (dolendi voluptas)« (Regn, 1993, S. 256; zum Motivkreis s. Hoffmeister, 1973, S. 25-28). Hinzukommt ein zweiter wichtiger Gesichtspunkt: Dem petrarkistischen Liebeskonzept wird im Cinquecento in Anlehnung an den *Canzoniere* »ein narratives Substrat unterlegt«, das es erlaubt, »die petrarkistische Geschichte des lyrischen Ich als eine ins Typische emporstilisierte ›Biographie‹ zu präsentieren« (vicende amorose, s. Regn, 1993, S. 256). Diese ›vita‹ vermittelt die spezifisch antinomische Liebesauffassung, die sich verwirklicht in typischen, das paradoxe Liebesverhältnis spiegelnden Topoi (z. B. Liebeskrieg, Liebesgefängnis), Stilfiguren (Antithesen, Oxymora) und antithetisch oder witzig zugespitzten Gedichtformen (Sonett, Strambotto, Epigramm, Madrigal). »Epigramme werden im Barockzeitalter so oft wie Sonette übersetzt, und Sonette unter dem Einfluß der ›Anthologia Graeca‹ als Epigramme oder Madrigale wiedergegeben. Das Madrigal geht seinerseits ins Epigramm über« (Hoffmeister, 1973, S. 28-31); der Siegeszug des Madrigals als musikalischer Form setzte jedoch erst seit dem 16. Jahrhundert ein (s. Schulz-Buschhaus, 1969, S. 7f.; zu den Kennzeichen des Systems en detail s. Regn, 1987, S. 21-56).

Verbreitung

Nach den einschlägigen Literaturgeschichten hatte das petrarkistische Liebessystems circa drei Jahrhunderte Bestand. Der Petrarkismus begann im frühen 15. Jahrhundert in Italien und erlebte mehrere Blütezeiten, bis er in den Marinismo, den nach Giambattista Marino benannten Schwulst der italienischen Barockliteratur überging; zur gleichen Zeit strahlte er auf die Liebeslyrik der europäischen Nationalliteraturen aus, zuerst auf Spanien, zuletzt auf Deutschland. Warum Petrarca jahrhundertelang den Liebesstil über die italienische Sprachgrenze hinaus mitbestimmte, hat psychologische, soziologische und poetologische Ursachen. Psychologisch gesehen kam Petrarca der Modeströmung nachmittelalterlicher Melancholie im *Canzoniere* entgegen, dessen elegische Stimmung, Produkt tiefer Resignation und Trauer über die unerwiderte Liebe, zugleich wollüstig ausgekostet wurde. Der Liebesschmerz geht vielfach in Weltschmerz über (accidia; s. Dürer, ›Melancolia I‹ und noch Robert Burton, *The Anatomy of Melancholy*, 1621). Zudem konnte das Zeitalter des »nuovo petrarchismo volgare« (G. Billanovich, 1947) erst nach Gutenbergs Erfindung mit Furore einsetzen und sich nicht nur geographisch, sondern auch sozial ausbreiten, da sich die italienische Gesellschaft des 16. Jahrhunderts zunehmend literarisch bildete und als Ganzes zweisprachig war (Forster, 1993, S. 165). Unter den Rezipienten Petrarcas waren Gelehrte und Dichter, die wie Bembo den *Canzoniere* herausgaben oder kommentierten, aber auch Hofleute und Kurtisanen, Zeichen für die wachsende Volksläufigkeit des Petrarkismus. Poetologisch gesehen verband der *Canzoniere* antikes (Ovids »dulce malum«) und mittelalterliches Motivgut (Marienlyrik, Troubadoure und Stilnovisten) und präsentierte es leicht imitierbar in der Muttersprache. Psychologismus, melancholisch-reflektierender Ton, Sonettform und Liebessituation ließen sich ohne weiteres davon ablösen. Nachahmend bildeten junge Dichter ihr Formtalent, dadurch erzielten sie stilistische Schulung (s. Forster, 1969, S. 61 f.: »European Petrarchism as Training in Poetic Diction«). Sprachlich-kulturelle Faktoren kommen hinzu: Die Blüte des Petrarkismus fiel in die Modeströmung des Ciceronianismus, Zeitideal der Eloquenz. Die Kodifizierung Petrarcas als

Sprachmodell begann mit Bembo, dessen Interpretation (*Prose*, 1525) zur Norm des Klassizismus wurde (s. Quondam, 1991, S. 191 f.). Bei der Aufstellung der klassizistischen Prinzipien halfen zahlreiche italienische Kommentaristen zwischen 1476 (Filelfo) und 1582 (Castelvetro; s. Zusammenfassung in Manero Sorolla, 1987, S. 16 f.)

Bedeutung

Aus dem Gesagten ergibt sich die bis heute oft unterschätzte Bedeutung des Petrarkismus als eines vielschichtigen Kulturphänomens. Petrarca zeigte den Weg in der Frage des 16. Jahrhunderts nach dem vorbildlichen Sprachmuster (»questione della lingua«), d. h., wie und auf welcher Basis eine einheitliche Kunstsprache zu schaffen sei (›toscanità‹). In seiner Nachfolge und im Wetteifer mit dem Meister verdankt die Lyrik überhaupt dem Petrarkismus letztlich ihre Anerkennung als selbständige Gattung. Aber auch inhaltlich kommt dem Petrarkismus eine wichtige Rolle als Vermittler und Verstärker der Hauptströmungen der Renaissance zu: der antiken Erotik und Mythologie, der Melancholie, der Introspektion und Selbstanalyse, der Verfeinerung von Sprache, Sitte und Geschmack bis in die feudale Heiratspolitik hinein. Die Liebe war schließlich »die wichtigste Frage der höfischen Gesellschaft; das Etikett verlangte von den Höflingen, ihre Kenntnisse von Rhetorik und Kasuistik in Gedichten nach Petrarcascher Manier zu beweisen« (Hoffmeister, 1973, S. 18).

2.4 Petrarkismus – historischer Abriß

a. *Petrarkismus in Renaissance und Barock*

Die Romania

Vergleichende Studien zum europäischen Petrarkismus gehen von Petrarca und den italienischen Petrarkisten als Inspirationsquelle und Bezugspunkt aus. Nach vereinzelten Vorläufern (z. B. Giusti de' Conti, *La bella mano*, ca. 1440) unterscheidet man den ›primo, segundo und terzo petrarchismo‹; primo bezieht sich auf die flamboyanten Manieristen präbarocken Stils in Neapel, das sog. Dreigestirn Cariteo (1452-1516), Tebaldeo (1456-1537) und Serafino (1466-1500), auch ›Quattrocentisten‹ oder Cariteer genannt. Sie beuteten den *Canzoniere* rhetorisch aus, indem sie Petrarcas Metaphern renaturalisierten bzw. wörtlich nahmen und unter Anlehnung an die römischen Erotiker sowie die volkstümlich-realistische Tradition auf raffiniert-sinnliche Pointen in der Lieblingsform der ›strambotti‹ abzielten. – Eine deutliche Sinnentleerung (z. B. aus Mangel an psychologischer Introspektion und Ernsthaftigkeit) bereitete den Boden für die zweite, von Bembo angeführte Phase der scharfen Reaktion auf den ersten Petrarkismus. Bembo postulierte den Sonett-Dichter Petrarca als absoluten Maßstab für die italienische Dichtungspraxis. Das Toskanische sollte als Hochsprache der Kunst nach lateinischem Muster verwandt werden. Mit Bembo begann die frühe Petrarca-Philologie (*Canzoniere*-Ausgabe nach dem von ihm wiederentdeckten Cod.Vat.Lat. 3195, 1501), mit ihm das Programm der Imitierbarkeit Petrarcas (s. Manifest *Prose della volgar lingua*, 1525) und deren praktische Durchführung in Bembos *Asolani* (1505) und seiner Anthologie *Le Rime* (1530; über Einzelheiten s. Hoffmeister, 1973, S. 20 f.). Auf die ernsthafte, ›platonische‹ Liebeskonzeption Bembos (s. *Asolani*) kam es u. a. in Venedig, dem Zentrum des Bembismo, zu antipetrarkistischen Reaktionen (s. Hösle, 1970, Nr. 1-9), so daß man um 1530 in zumindest drei Manieren dichten konnte: dem un-petrarkistischen Stil der Neulateiner, dem petrarkistischen und dem darauf reagierenden antipetrarkistischen (z. B. Berni, Aretino, Castaldi).

»Zum dritten Mal gewann im süditalienischen Raum (nach der sizilianischen und cariteischen Schule) eine concettistische Bewegung Bedeutung, deren Hauptvertreter Costanzo, Tansillo und Rota aus Neapel stammten. Ihr Werk wurde in Anthologien ab 1552 verbreitet und fand großen Anklang, weil es die erotischen Spitzfindigkeiten des ersten mit den Sprachregeln des zweiten Petrarkismus vereinigte. Dazu machte sich der Einfluß der *Anthologia Graeca* verstärkt bemerkbar. Von hier führte der Weg direkt zu Marino« (*Adone*, 1623; zitiert Hoffmeister, 1973, 22).

Für die rasche Rezeption des Petrarkismus in Spanien und Frankreich gab es günstige Voraussetzungen. Die kastilische Lyrik begann mit den Troubadours im 13. Jahrhundert. Über das aragonesische Königshaus existierten gute Beziehungen zu Sizilien und Neapel, ab 1504 gehörten beide zur spanischen Krone. Aragonesische Lyrik blühte in Neapel (z. B. der »Petrarca neapolitano« Caracciolo, gest. 1506). Der Katalane Ausiàs March gilt heute als Erbe der Troubadours und erster Vermittler Petrarcas (*Canto de amor*, vor 1459). Die Petrarca-Rezeption bei ihm und dem Marqués de Santillana (Sonette »fechos al itálico modo«, ab 1438) blieben isolierte Vorläufer, denn die drei Generationen der spanischen Petrarkisten (s. Fucilla, 1960) konstituierten sich erst mit Boscán, der 1526 mit dem venezianischen Botschafter und Petrarkisten Navaggiero in Granada zusammentraf und bei seinem Freund Garcilaso de la Vega Unterstützung fand (Garcilaso in Neapel 1532-33). Zur zweiten Generation (1534-1580) gehören Herrera und Fray Luis de León. Die dritte schloß sich mit Lope de Vega, Góngora und Quevedo an die präbarocken Quattrocentisten an, wodurch die bisherige bembistische Mode versiegte.

In Frankreich setzte sich die Erfolgswelle des Petrarkismus im 16. Jahrhundert fort. Gefördert wurde sie durch die Troubadour-Tradition, durch die französischen Kriege in Italien (1494-1526) und den Künstler-Austausch. Auch in Frankreich lassen sich drei Etappen verfolgen: 1. L' École Lyonnaise; 2. La Pléiade; 3. La Préciosité. Die ersten Sonette schrieb Marot (1532), die erste *Canzoniere*-Übersetzung stammt von Carpentras (1555).

Zur Lyoneser Dichterschule zählen Scève (*Délie*, 1544, mit Emblemen) sowie zwei weibliche Petrarkisten, Louise Labé (Sonette 1555) und Pernette du Guillet (ca. 1520-1545). Charakteristisch ist die Übernahme von platonischen Zügen (z. B. bei Scève; dagegen mehr sinnlich-serafineske Elemente in Marots ›blasons‹ und ›coq à l'ânes‹).- In der zweiten Phase der Pléiade wurde Du Bellay mit dem Sonettzyklus *Olive* (1549-50) und dem Manifest *La Deffence et illustration de la langue francoyse*, Ms. 1548) der französische Bembo, der den Wettkampf mit den Alten und mit dem platonischen ›segundo petrarchismo‹ forderte. Seine Ziele erfüllten sich glänzend im Werk seines Freundes Ronsard, dessen *Amours I* die antike und italienische Liebestradition (Petrarca, Bembo) verschmolz und dadurch zu einer eigenen Liebeskonzeption gelangte (mit »carpe diem« als Hauptmotiv). In der Endphase nahm der französische Petrarkismus preziöse Züge an, eine Entwicklung, die ihre Parallele im italienischen Marinismo, spanischen Conceptismo und vielfach in den neapolitanischen Preziösen des 15. Jahrhunderts hat. Durch seine Ausrichtung der Dichtung an der Umgangssprache versetzte der vorklassizistische Malherbe sowohl der Pléiade als auch der Préciosité den Todesstoß (*Commentaire sur Desportes*, 1625).

Der transalpine Norden

In England gab es bis 1851 keine *Canzoniere*-Ausgabe (auf dem Kontinent mindestens 200!), und doch war »maister Petrak« dort seit Chaucers isolierter Nennung und Übersetzung von »S'amor non è« (C 132) in *Troilus and Criseyde* (I, Vers 400-420) bekannt (s. auch Chaucers Bearbeitung der *Griseldis* nach einer französischen Zwischenstufe als *The Clerk' s Tale* in *The Canterbury Tales*, Nr. 10, ca. 1393). In *Tottel's Miscellany* (1557) erschienen die Übersetzungen und Nachdichtungen von Wyatt und Surrey, den Reformern der englischen Verssprache. Nach seiner Italienreise (1527) übertrug Wyatt allein 24 Sonette Petrarcas und importierte auch den Strambotto, die älteste italienische Gedichtform der volkstümlichen Tanz- und Liebeslyrik, und die Terzine mit ihrer jambischen Reimverkettung. Einen Neubeginn nach bembistischem Vorbild brachten die Elizabethan Sonnet Cycles zwischen 1582 und 1600, der Hauptphase der Regierungszeit der Königin. Die Meisterwerke stammen von Thomas Watson (*Hecatopathia*, 1582), dem »English Petrarch« Sidney (*Astropel and Stella*, 1591), Spenser (*Amoretti*, 1591) und Shakespeare (*Sonnets*, 1598; s. auch seine petrarkistischen Metaphern in *Love's Labour's Lost, Twelfth Night, Romeo and Juliet*). Entsprechend der Entwicklung in Italien (Marinismo), Spanien (Conceptismo) und Frankreich (Préciosité) erreichte der Petrarkismus in den ersten Jahrzehnten des 17. Jahrhunderts bei den »metaphysical poets« (z. B. John Donne, *The Songs and Sonets*, 1601) seine manierierte Endphase.

Petrarcas und die petrarkistische Liebesauffassung strömten nach der Reformation aus den verschiedensten Quellen nach Deutschland. Die benachbarten Nationalliteraturen gaben den Anstoß zur Reform der deutschsprachigen Lyrik, wobei es heute oft nicht mehr möglich ist, eine einzige unter vielen vermittelten Quellen auszumachen. Bei Dichtern wie Weckherlin und Opitz sammelten sich die verblühten petrarkistischen Phasen der Nachbarn ohne Rücksicht auf Herkunftsländer und Vermittlungswege wie in einem Brennspiegel. Mit zwei Generationen Verspätung gelang es schließlich Opitz, das »*Petrarquiser*, das ist, wie Petrarcha buhlerische reden brauchen« (*Teutsche Poeterey*, 1624, Kapitel VI) allgemein einzuführen.

Aber schon lange vor Opitz und in der früheren Forschung oft übersehen kam es zu einer mehrschichtigen Rezeption Petrarcas und seiner Epigonen, nämlich über die neulateinische Dichtung, Libretti der »Gesellschaftslieder« und Übersetzungen vor 1624. Über die neulateinische Ekloge gelangten zum ersten Mal petrarkistische Motive ins Deutsche (z. B. bei Hessus, Lotichius Secundus und Camerarius; s. Forster 1993, S. 167 über lat. *Canzoniere*-Übersetzungen). Wichtige Anregungen kamen aus dem Zentrum der neulateinischen Poesie in Leiden, wo Justus Scaliger seit 1593 Schüler wie Daniel Heinsius und Hugo Grotius unterrichtete, die ihrerseits Opitz beeindruckten. Das übernationale Netzwerk der Humanisten war sicher ein entscheidendes Element in der Ausstrahlung des neulateinischen Petrarkismus und seiner Vermittlung an die muttersprachige Liebeslyrik. Seit ca. 1570 stand Melissus Schede im Knotenpunkt der Vermittlung. Melissus war z. B. mit Orlando di Lasso und Janus Dousa d. Älteren in Leiden befreundet, er kannte und übersetzte Ronsard und empfahl Janus Gruter als seinen Nachfolger an die Heidelberger Bibliothek, wo Gruter mit Opitz in Kontakt kam. Parallel zum Neulateinertum bereitete das italienisierte weltliche Lied dem Petrarkismus den Boden (die ersten italienischen Madrigale seit 1538 in Deutschland). Symptomatisch für die Umwandlung der mittelalterlich-volkstümlichen Lyriktradition zur reformierten Renaissancelyrik war Theobald Hock (*Schönes Blumenfeldt,* 1601), der Petrarcas drei Eingangssonette entweder aus erster Hand oder auch als Musikkompositionen kennengelernt hatte und frei wiedergab.

Die ersten Petrarca-Übersetzungen gab es – nach den *De remediis* – seit 1573. Balthasar Froe übertrug damals eine Petrarca-Kanzone (C 323) in Zäsuralalexandriner. Daniel Federmann stellte seine *Sechs Triumph F. Petrarche* (1578) in den Dienst religiöser Ermahnung und sprachlicher Erneuerung (s. Kleinschmidt, 1982, S. 743-776). Die ersten Liebessonette in Alexandrinern stammen von Schwabe von der Heyde (1617, in Opitz' *Aristarchus*). Parallel zu Melissus und Opitz stand auch Weckherlin im Schnittpunkt zahlreicher Vermittlungsströme. Auf ausgedehnten Reisen (Italien, Frankreich) lernte er die Liebesdichtung des Auslandes kennen und benutzte sie (u. a. Guarini, Ariost, Du Bellay, Ronsard und Petrarca) als Inspiration für seine persönlichen Werbe- und Klagelieder an seine Frau (Anthologien 1616; 1641; 1648). Die jüngere Forschung lehnt es ab, seine französischen Quellen gegen die italienischen und englischen (Drummond, Spenser, Donne) auszuspielen.

Obwohl Opitz nur zwei Petrarca-Sonette übertrug, erkannte er Petrarca als Modell für die Reform der Dichtung an (»Der Sinnreiche Petrarcha hat mehr Lob durch sein Toscanisch erjaget, als durch alles das, was er sonsten jemahls geschrieben«, s. Vorrede zu *Teutsche Poemata,* 1624). Bei seinen Übertragungen von Veronica Gambara, Ronsard und Heinsius kam es ihm darauf an, Musterbeispiele für Deutschland bereitzustellen. Parallel zu Sidney, Ronsard und Boscán hat man Opitz wegen seiner Bemühungen als ›deutschen Petrarca‹ bezeichnet; allerdings ist bei ihm und den frühbarocken Opitzianern die Bindung zu Petrarca fast gänzlich verlorengegangen. Das Vorbild des Bembismo wirkte nur noch indirekt, meist durchsetzt von heterogenen ›Liebesdiskursen‹, über die Niederlande und die Pléiade auf Opitz.

Ähnlich hat Hans Pyritz (1931, Reprint 1963) Paul Flemings lateinische und deutsche Lyrik als weitgehend »traditionsbestimmt« gedeutet (Catull, Johannes Secundus, Petrarca). Opitz war offenbar der entscheidende Motivvermittler für seine petrarkistische Liebesdichtung, die Fleming in Deutschland auf Latein und Deutsch zum Höhepunkt führte. Durch die »steinerne« Geliebte Elsabe (bzw. Basilene) in die klassische Situation des petrarkistischen Geliebten geraten, gelang es ihm, der tradierten Liebessprache des »Normalpetrarkismus« (Pyritz) witzige Effekte abzugewinnen, die seine Lyrik in die Nähe Marots, Marinos und Donnes rücken. Fleming beherrschte alle Register des Petrarkismus (s. die Grabschrift: »Kein Landsmann sang mir gleich«), meisterte die Ausgestaltung des antinomisch-fatalistischen Liebesverhältnisses genauso wie den Schönheitskatalog – meist unter Auflösung der Gestalt in einzelne Bestandteile und im Vergleich mit Pretiosen – , das symbolische Namensspiel sowie die Schmerzensliebe in sympathetisch zuhörender Natur bis hin zum Selbstverlust und vorgespiegelten Selbstmord. Das scharfsinnige Spiel mit Pointen weicht jedoch häufig einer schlichteren Ausdrucksweise, wodurch Fleming wiederum in die Nähe Petrarcas rückt, besonders hinsichtlich der musikalischen Leichtigkeit der Sprache und der ständigen Selbstanalyse in mancher Ode (z. B. *Oden* V, 33) und manchem Sonett (s. Hoffmeister, 1988, S. 219 f.).

Typisch für die weitere Entwicklung des Petrarkismus in Deutschland ist die Koexistenz verschiedener Liebesdiskurse, ihre Verschmelzung sowie die Inversion, Kontrafaktur und Karikatur des petrarkistischen Systems. In den regionalen Zentren der deutschen Liedkunst Hamburg, Nürnberg, Leipzig, Königsberg und Danzig mischen sich vielfache Antriebe aus deutscher Tradition (eheliche Treuethematik im Volksliedton) mit moralischen Überlegungen, patriotischen und religiösen Zielen. Z. B. konfrontierte Zesen die welsche Untreue mit der deutschen Treue und entschärfte die petrarkistischen Antithesen der fatalistischen Klagegestik in einem spielerisch-dekorativen Klangspiel aus der Bemühung um die Muttersprache. Harsdörffer aus Nürnberg lernte die italienischen Meister aus erster Hand in Italien kennen und schätzte Petrarcas große Verdienste um seine Muttersprache in *Specimen philosophiae Germanicae* (1646). Vertraut mit der platonischen Liebesauffassung und der petrarkistischen Liebesmotivik seit seiner Bearbeitung des spanischen Schäferromans *Diana von*

H.J. De Monte-Major (1646, dazu s. Diss. Hoffmeister, 1972), überwand er in seinen eigenen, oft verspielten Gedichten die aussichtslose Schmerzensliebe durch Akzentuierung von Vernunft, Treue und Hoffnung auf Gegenliebe. Bei ihm finden sich typischerweise zahlreiche antipetrarkistische Versuche, z. B. ›Reim-dich-Bundschuh‹-Gedichte und Briefe wie der »An eine sehr häßliche Jungfrau«, Kontrafakturen, die bei den großen Schlesiern Gryphius und Hofmannswaldau ebenfalls beliebt waren. Aus dem Bewußtsein der Eitelkeit alles Irdischen erzielte Gryphius z. B. höllische Verzerrungen des Schönheitspreises (»Vber die Gebaine der außgegrabenen Philosetten«), und in seinen Dramen, z. B. *Horribilicribrifax* (1663), liefert er gute Beispiele für die parodistische Entlarvung petrarkistisch Liebender.

Als ›Schlesischer Marin‹ (Bodmer) knüpfte Hofmannswaldau an die Tradition des witzig-erotischen Petrarkismus der präbarocken und barocken Süditaliener, den sog. Cariteern oder Quattrocentisten und Marino an. Hofmannswaldau war sich dieser Nachfolge durchaus bewußt (s. »Vorrede zu *Deutsche Übersetzungen und Getichte*, 1679, S. 5). »Aus einem an Gryphius gemahnenden Bewußtsein von der Vergänglichkeit alles Irdischen fand er in einem wesentlichen Teil seiner Lyrik zu der entgegengesetzten Antwort: carpe diem, unter Beibehaltung der artistischen Funktion der Kunst, die die nichtige Realität durch den Prunk der Worte erlösen sollte« (Hoffmeister, 1973, S. 79). So mischten sich bei ihm die petrarkistische und antike Liebeskonzeption, und zwar aus einer bürgerlich-rationalistischen Grundtendenz, die auf den Besitz der Liebe ausging und in einem gesellig-spielerischen Gewand präsentierte. Rotermund wies bei ihm sogar ein Verfahren nach, das die Konvention auf den Kopf stellte, indem er die erotischen Beziehungen ins Mystische erhob (E. Rotermund, *Hofmannswaldau*, SM 29, 1963, S. 35).

Für die Jesusminne liefert Friedrich Spee – neben Czepko, Balde, Silesius und Kuhlmann – eindrucksvolle Beispiele. Neben Elementen aus dem Alten Testament (Hohelied, Davids Psalmen) und mittelalterlicher Tradition verrät seine Metaphorik »bis ins einzelne petrarkistische Züge: Jesus tritt wie die Geliebte oder Cupido auf, um die anima zu verwunden.

Sie brennt in bittersüßem Feuer und findet im Tod ihr Leben. Oxymora, Antithesen, Isolierung von Einzelaspekten der Gestalt, paradoxe Zuspitzung am Schluß gehören zum technischen Inventar, allein die Frauenschelte und das steinerne Wesen des Partners fehlen, der seinerseits in die Seele verliebt ist« (Hoffmeister, 1973, S. 76-77).

Mit dem letzten großen Schlesier Johann Christian Günther (1695-1723) begann in Deutschland das neue Zeitalter der Umwandlung der Rezeption der petrarkistischen Liebesschule in die »Petrarca-Rezeption«. Günther selbst nannte Petrarca unter den von ihm verehrten Meistern (Werk-Ausgabe, hrsg. Krämer, 1930-37, II, 51 109 f.), und seine Gedichte zeigen den Übergang von der Tradition und Traditionsumbildung zum Bekenntnislied aus einer neuartigen Ausdruckshaltung heraus, d. h. er benutzte wohl noch das petrarkistische Repertoire, ordnete es aber seinem persönlichen Stilwillen unter. Indem Günther Lorchens Namen im Anklang an Laura wählte und das Erlebnis der Liebe aus der Dimension der Erinnerung darstellte, orientierte er sich direkt an Petrarca, aber zugleich nahm er von ihm Abstand, da er die Inversion der Petrarca-Situation besang: den Liebenden als den Versagenden, die Geliebte als die Beständige (s. Hoffmeister, 1973, S. 81).

»In der Zusammenschau lassen sich bestimmte Phasen der Rezeption nachweisen, die unmittelbar von Italien oder mittelbar von Frankreich ausgingen, wenn auch in zeitlicher Abstufung. Nach Spanien und Frankreich übernahmen verspätet Holland, England und Deutschland den Petrarkismus. Zuerst wurden die lateinischen Schriften Petrarcas, dann einzelne Sonette übersetzt (Chaucer, Santillana, Marot, Noot); darauf entstanden gleichzeitig mit den *Canzoniere*-Auflagen und -Übersetzungen – nur in Frankreich übertrug man vor 1800 den gesamten *Canzoniere*! [ausserdem lieferte Enrique Garcés eine nahezu vollständige Übersetzung 1591: *Los sonetos y canciones del poeta Francisco Petrarcha*] – viele Sonettzyklen, u. a. auch bei Weckherlin und Gryphius. Im allgemeinen ahmten die Dichter Petrarca und die Petrarkisten in der ersten Rezeptionsphase streng nach, später gestalteten sie ihre Vorlagen schöpferisch um und lösten sich darauf völlig von ihren Mustern, weil das petrarkistische Repertoire inzwischen Allgemeingut geworden war und vielfach unbewußt als Reminiszenz verwandt wurde. Alle Literaturen, wie Heinsius in Holland und Melissus-Schede in Deutschland beweisen, erlebten eine Blüte der Lyrik, die letztlich Petrarca, dem Vorbild für die Erneuerung der nationalen Dichtersprache und der Versreform zu verdanken war (Bembo, Du Bellay, Opitz). Nach Auswüchsen der petrarkistischen Liebessprache im Barock (Marino, Góngora, Donne, die sog. ›zweite schlesische Schule‹) trat in fast allen Ländern eine scharfe neoklassizistische Reaktion ein, die dem concettistischen Petrarkismus den Kampf ansagte und auch Petrarcas Namen aus der Liste der Musterdichter strich.

Überschaut man die Geschichte des Petrarkismus in den einzelnen Ländern, so fällt auf, wie der von den humanistisch gebildeten Dichtern verwandte italienische Liebesstil anfangs mit der mittelalterlich-volkstümlichen Lyriktradition um den Vorrang stritt, wie aber fast überall gleichzeitig mit der neuen Mode eine daraus erwachsene antipetrarkistische Richtung sich gerade wiederum an die volkstümliche Überlieferung anschloß, z. B. die ironische Frauensatire der Antipetrarkisten an die mittelalterliche Frauenschelte. Die Neuentdeckung der *Anthologia Graeca* und *Anakreonteen* (1554) trug weiterhin dazu bei, daß der Bembismo bald ununterscheidbar mit der antiken Tradition verschmolz. Auf die verschiedenartige Mischung dieser Stränge (antik, volkstümlich, petrarkistisch etc.) sind – neben den formalen Abweichungen vom italienischen Sonett – viele Unterschiede zwischen den petrarkisierenden Nationalliteraturen zurückzuführen. In Frankreich feierten die Lyoneser und Ronsardisten unter einer dünnen platonischen Wortfassade die sinnliche Liebe; Spanien dagegen übernahm den Bembismo direkt aus Italien und bildete einen ihm eigenen ›herben‹ Petrarkismus aus, wobei volkstümliche neben italienischen Genera benutzt wurden. Kennzeichnend für den spanischen Petrarkismus war die schon frühe Eroberung anderer Gattungen, z. B. der pastoralen und sentimentalen Romane sowie des *Don Quijote*. England suchte einen Mittelweg zwischen platonischem und epikuräischem Liebesgedicht, erhob Elizabeth I. zur nationalen Laura und bildete eigene Sonettformen aus» (Shakespeare; Milton; s. Hoffmeister, 1973, S. 55-56).

b. *Petrarca-Rezeption und Petrarkismus im Zeitalter der Romantik*

Nach Bembos Wirken unterscheidet Sozzi allein in Italien noch drei weitere Petrarkismus-Phasen: ›petrarchismo post-bembesco‹ in Venedig; ›petrarchismo controriformistico‹ z. B. mit Malipiero, *Rime spiritualizzate (*1536); ›petrarchismo arcadico‹ im 18. Jahrhundert mit Manfredi (s. Sozzi, 1963, S. 8). Trotz der Fülle petrarkisierender Dichter noch in den Großstädten des 18. Jahrhunderts (Genua, Mailand, Neapel, Rom; s. Sozzi, S. 49-50) ließ das allgemeine Interesse an Petrarca im 17. Jahrhundert spürbar nach. Statt der 167 *Canzoniere*-Ausgaben des 16. erschienen im 17. Jahrhundert nur noch 17, im 18. Jahrhundert kamen aber wieder 48 Ausgaben heraus! (s. Sozzi, S. 41; 51). Daran ist das Heraufdämmern einer neuen Wertschatzung Petrarcas an der Schwelle zur Romantik zu erkennen. Der Hauptgrund für diesen Wandel in der Rezeptionsgeschichte war der poetologische Umbruch vom Imitationsprinzip zur Genielehre des 18. Jahrhunderts, die den Weg zu verschütteten Originaldichtern wies. Nach einem ersten Vorspiel bei Alfieri (s. »Petrarchismo alferiano«, Fubini, 1951), der den Akzent auf die romantische Liebesleidenschaft bei Petrarca legte, entdeckte Ugo Foscolo in Petrarca seinen Mentor und sein geniales Modell für patriotische Aktionen, Naturauffassung und Liebskonzeption. Mit seinen berühmten *Saggi sul Petrarca (Essays on Petrarch*, London 1821; italienischer D. 1824) begann die ernsthafte Petrarca-Kritik in Italien; alle wesentlichen Themen und Motive der späteren Forschung sind hier im Keime enthalten. Seine Sonette und Kanzonen (Ms. 1796), die Grabdichtung *Dei Sepolcri* (Ms. 1806) und sein Werther-Roman *Ultime lettere di Jacopo Ortis* (1798-1817) strotzen von Petrarca-Echos. Sein Romanheld Jacopo macht aus Petrarca eine religiöse Kultfigur für die Befreiung Italiens und darüber hinaus für seine Liebe unter Beimischung platonischer, ossianischer sowie rousseauistischer Züge. Leopardi, vielleicht der größte italienische Lyriker nach

Petrarca, begann mit Petrarca-Imitationen, sah aber bald ein, daß Petrarca selbst infolge des Petrarkismus als Petrarkist erschien. Es ging ihm nun darum, die authentische Stimme Petrarcas wiederherzustellen, was ihm in theoretischen Reflexionen, Ausgaben und eigenen Dichtungen auch gelang. In den Tagebüchern (*Zibaldone*, 1817-32) verglich er Petrarca mit antiken Autoren zu dessen Vorteil. Im Vergleich der *Rime di F. Petrarca con l'interpretazione di Giacomo Leopardi* von 1826 und der Zweitauflage von 1840 ist Leopardis wachsende Bewunderung für den Meister zu erkennen. Am liebsten hätte er den *Canzoniere* zum Liebesroman umgeformt (s. B. König, 1993, S. 135; Parallelhinweis auf A. W. Schlegel in Hoffmeister, 1990, S. 100). Damit hatte Leopardi den *Canzoniere* als organisches Ganzes und als Ausdruck der Herzenssprache anerkannt. Gedichte wie »A Silvia« (1828) und »Consalvo« (1832) zeigen den großen Unterschied zwischen der affektierten Sophistik vieler petrarkistischer Epigonen und Leopardis eigenem Ton, der sich von Petrarca durch seinen Nihilismus abhebt.

Die bedeutende nachromantische Petrarca-Kritik setzte in Italien mit Francesco De Sanctis ein, der sich zwischen 1839 und 1870 mehrfach mit Petrarca beschäftigte und grundlegende Einsichten zu ihm und seinem Werk entwickelte, die zum Teil Allgemeingut der Forschung geworden sind. Nach den Petrarca-Vorlesungen in Neapel (1839-1848) kamen der berühmte *Saggio critico sul Petrarca* (1869) und das *Canzoniere*-Kapitel in seiner *Storia della letteratura italiana* (1870) heraus. Auf ihn geht die Ansicht zurück, daß der wahre Petrarca in den *Rime* zu finden sei und Laura seine dichterische Welt prägte (»Il mondo del Petrarca fu Laura«, 1964, S. 80), wobei ihre tatsächliche Existenz belanglos bliebe, weil Petrarca sich selbst in einem ›Tagebuch der Liebe‹ (»giornale dell'amore«, S. 84) gedichtet habe. Laura wäre nur für ihn dagewesen (»è per il Petrarca e col Petrarca«, S. 92). Aber aus dem Dualismus zwischen irdischer und himmlischer Liebe habe ihn erst ihr Tod befreit, der sie selbst wiedererweckt und in ein Geschöpf poetischer Einbildungskraft verwandelt hätte (»morendo nasce alla vera vita«, sterbend wächst sie ins wahre Leben, S. 206; s. S. 225). Im Tode sei sie realistischer geworden (»ora che è

Dea, è divenuta una donna«, als Göttin ist sie erst eine Frau geworden, S. 219), Petrarca selber aber melancholischer. Krankheit und Melancholie seien Quelle und Kennzeichen seines Genies (Kapitel VIII, S. 165 f.; außerdem *Storia*, 1963, S. 304-306).

In seiner Literaturgeschichte griff De Sanctis diese Beobachtungen wieder auf und vertiefte sie, indem er stärker auf die Gefahren eines solchen Dichtens aufmerksam machte, nämlich auf Petrarcas Sinn für schöne Formen (»sentimento delle belle forme«, De Sanctis, 1968, S. 295) und technische Perfektion (S. 302), die zu einer kalten skulpturierten Oberfläche geführt hätten. Aber auch auf Lauras schöne Gestalt habe sich dies Prinzip ausgewirkt, sei sie doch besonders im ersten Teil ein bißchen monoton und geschmacklos und trotzdem die lebensvolllste Figur, die das Mittelalter geschaffen habe (»la creatura pió reale«, S. 295).

Das Leben habe sich bei Petrarca gleichsam in sich selbst zurückgezogen, aus der Leidenschaft in die Kontemplation (S. 299), aus dem Seelendrama in die sentenziöse Schilderung. Die Einheit des Kunstwerkes sei außerdem im Fragmentarischen einzelner Sonette untergegangen. Kein Wunder, De Sanctis gilt heute als großartiger, aber vielfach etwas einseitiger Vorläufer moderner Literaturkritik, der Petrarca eher als »Künstler denn als Dichter« (»artista pió che poeta«, S. 300) abstempelte und den Menschen in Petrarca vermißte oder zumindest als den »berühmten Kranken« (»l'illustre malato«, S. 309) unterschätzte.

Giosuè Carducci und Benedetto Croce folgten De Sanctis als überragende Literaturkritiker. Carducci hat in Petrarca den Begründer der »repubblica delle lettere« (1904, S. 728) gesehen, der durch seine Selbstanalysen zum großen Dichter geworden sei: »Petrarca fu primo a denudare esteticamente la sua conscienza, a interrogarla, ad analizzarla« (P. hat als erster sein Gewissen in der Dichtung entblößt, es befragt und analysiert, ebd., S. 721). Außerdem legte Carducci eine wissenschaftliche Ausgabe der *Rime* vor, unter Verarbeitung der bis dato erschienenen Kommentare, die allen späteren Editionen als Modell gegolten hat (*Rime di F. P. sopra argomenti stòrici, morali e diversi*, Teilausgabe 1876; vollständig 1899).

Auf den Spuren von De Sanctis entwickelte Croce seine Überzeugung von dem Primat des *Canzoniere*, besonders des zweiten Teils (1929, S. 15), und von Petrarca als »primo poeta moderna«, und zwar deshalb, weil er seine Seligkeit in der Liebe gesucht habe, die von Empfindungen, Leidenschaft und Melancholie geprägt sei. Darum sei er auch der erste kranke Dichter der Moderne gewesen: »primo infermo di un' infermità che corre attraverso tutto il mondo e la poesia moderna« (einer Krankheit, die durch die ganze Welt und die moderne Poesie läuft, 1929, S. 8). Petrarcas dichterische Versuchung sei es gewesen, den melancholischen Klageton als Dichtung ausgeben zu können (ebd., S. 13). Außerdem entdeckte Croce einen Zwiespalt zwischen rhetorischer Eleganz und bloßer Künstlichkeit, wobei er zugab, daß diese aufgrund des Kontrastes den dichterischen Reiz seiner echten Poesie noch erhöhe (ebd., S. 15).

Fast gleichzeitig begann Carlo Calcaterra mit ersten Rezensionen (1928-1930). Seine wichtigste Essay-Sammlung *Nella selva del Petrarca* erschien 1942 mit Beiträgen zu den *Trionfi,* zum Laura-Dafne Mythos und zu Augustins Einfluß. Danach erstreckte sich Augustins Wirkung über das *Secretum* hinaus auf alle anderen Hauptwerke, insbesondere den *Canzoniere* mit seinen Analysen verschiedenster Gemütszustände (1942, S. 305 f.). Bei Calcaterra erscheint der *Canzoniere* als Synthese und Steigerung (»confluenza e potenziamento«, ebd., S. 118) des lateinisches Werkes, und die Inspiration durch Laura sei das Ergebnis des gesamten geistigen Lebens Petrarcas (s. B. Sozzi, 1963, für die italienische Forschungsgeschichte bis 1962 und s. C. Naselli, 1923, Schlußkapitel, für das Weiterleben Petrarcas in der Kunstgeschichte des 19. Jahrhunderts).

Erst nach dem Ende des Neoklassizismus erwachte in Frankreich das Interesse an Petrarca selbst. Seine Wiederentdeckung hing zusammen mit Alfred de Lamartines Revolutionierung der französischen Lyrik in *Méditations poétiques* (1820), einer Anthologie, die in melancholisch-meditativen Herzensergießungen seine Liebe zu der verstorbenen ›Elvire‹ feiert. Die Stimmung wechselt wie bei Petrarca zwischen Erinnerungen an vergangenes Glück (»Le Lac«) und Träumen von einer mystischen Vereinigung, zwischen Vernunft und Glauben. In seinem »Commentaire« zu »L'Isolement« erkannte Lamartine seine Petrarcasche Inspiration an. Und in seinen Vorlesungen *Cours familier de littérature* (1856-69) nannte er Petrarca »le David du Vaucluse«, der aus ganzem Herzen von irdischer und himmlischer Liebe sang.- Ob Baudelaire in seinem »cycle d'Apollonie Sabatier« (in *Les Fleurs du mal*, 1857) auf die Pléiade zurückgriff oder auf Petrarca selber, bleibt umstritten (s. Forsyth, 1979). Jedenfalls wies er in einem Brief (*Correspondence* I, 1973, S. 180 f.) auf Petrarca hin: so wie jener wollte er seine Laura verewigen, deren Augen ihn versklavt, aber auch in den Himmel versetzt hätten (s. Sonett »Le Flambeau vivant«). Übrigens ist einer der berühmtesten Petrarca-Forscher Frankreichs Pierre de Nolhac gewesen, der das Originalmanuskript von *Rerum vulgarium fragmenta* (cod. lat. vat. 3195) 1887 entdeckte und anstelle damals üblicher positivistischer oder psychologischer Untersuchungen eine ausgezeichnete Analyse des humanistischen Erbes bei Petrarca 1892 vorlegte. Danach sei Petrarca der wichtigste Wiederentdecker der antiken Geistigkeit gewesen. Er war es, der Aristoteles aus seiner exklusiven Position durch Plato verdrängt habe und nicht nur die Griechisch-Studien, z. B. Homer, angeregt hätte, sondern überhaupt die Wiederbelebung der humanistischen Gattungen: Epos, Brief, Bukolik, historische Werke – biographische Porträts – und Invektive).

Auch in Deutschland nahm das Interesse an Petrarca in dem Maße zu, wie sich das Imitationsprinzip auflöste. Man entdeckte den humanistischen (z. B. Herder), empfindsamen (Klopstocks »Fanny-Oden«, 1747-48) und ›stürmischen‹ Petrarca (G. A. Bürger, »Molly-Sonette«, 1789; Lenz, »Petrarch«, 1775) an der Schwelle zur Romantik, die Petrarca in Theorie und Praxis zum Muster der Lyrik machte (s. A. W. Schlegels Vorlesungen, u. a. *Geschichte der romantischen Literatur*, 1802-1803 und Übersetzungen in *Blumensträuße italienischer, spanischer und portugiesischer Poesie*, 1804).

Von der einsetzenden romantischen Sonettwut hob sich allein Goethe ab, der in allen Gattungen Beispiele für die Assimilierung Petrarcascher und petrarkistischer Motive lieferte, Beispiele, die von seinen ersten Jugendlieben (Gedichte an Annette und Friederike, Lotte im *Werther*) bis in die Zeit des

West-östlichen Divan und die »Helena-Tragödie« reichen. »Erwache Friederike« (1771) könnte demnach mißverstanden werden als Sesenheimer Naturlyrik, doch ein gewiefter Leser würde die spielerische Variation auf das petrarkistische »Feuer und Eis« erkennen, die allerdings von Lenz stammen soll.

Kennedy hat kürzlich eine Studie *Der junge Goethe in der Tradition des Petrarkismus* vorgelegt (1995), worin der Akzent auf den Dichtungen und Briefen der Annette Schönkopf-Episode liegt. Indem er Paul Flemings Dichtungspraxis als Maßstab und Orientierungshilfe heranzieht, gelingt es ihm, eine deutliche Diskrepanz zwischen Brief und Gedicht des jungen Goethe (um 1767) festzustellen. Einerseits steigerte sich Goethe in den Briefen an Riese, Behrisch und Anna in die Rolle des »petrarkistisch leidenden Liebhabers« hinein, anderseits agiert das lyrische Ich als anakreontischer Verführer des spröden Mädchens (1995, S. 37). Dabei ist die Inversion der tatsächlichen Situation zu berücksichtigen, denn der junge Goethe hatte Anna ursprünglich durch seine manipulierende Eifersucht Leid zugefügt, projizierte aber in seinen Briefen die eigene Herrschsucht und Drangsal auf sie, die Dame der Konvention. Aus den herangezogenen Briefzeugnissen erhellt, wie sehr Goethe darauf bedacht war, die angenommene Pose des unheilbar Leidenden für seine literarischen Zwecke auszubeuten.

Goethe spielte eine ihm selbst bewußte närrische Rolle in einer Liebeskomödie, die er zu seiner eigenen »belehrenden Buße« (*Dichtung und Wahrheit*, HA 9, S. 285) dann auch dramatisch in *Die Laune des Verliebten* behandelte. Die psychologische Absicht Goethes war klar: Er wollte sich von seiner Eifersucht und seinen Schuldgefühlen gegenüber der von ihm verletzten Annette freischreiben und tat es, indem er den Schäfer Eridon in die Rolle der tyrannischen, kaltherzigen Dame und Amine in die des unglücklichen Liebhabers versetzte, also die petrarkistische Situation invertierte (Kennedy, 1995, S. 54; 121). So vertauschte Goethe die traditionellen Rollen von herrschender Dame und Liebessklave (s. Egle zu Amine: »Wer wird den Liebsten hassen? Du mußt ihn lieben, doch dich nicht beherrschen lassen«, *Die Laune*, 7. Auftritt). – Doch nur in der Fiktion gelang Goethe die Befreiung aus dem Gefängnis der

Liebe, in Wirklichkeit dauerte es Jahre, bis er sich von der selbstauferlegten Pose des leidenden Liebhabers lösen konnte. Kennedy meint, »daß Goethes Leiden keine wirklichen, sondern nur selbstgeschaffene Leiden waren, die in seiner Phantasie begründet lagen« (ebd., S. 122), mit anderen Worten: Er hat die Motivwelt des Petrarkismus mit den Träumen, Rückerinnerungen, Sehnsüchten, Krankheiten und Klagen bewußt benutzt, ja sich in die Lage des Unglücklichen hineingesteigert, weil sein Liebesleiden aus dem Leidenswunsch entsprang, weil er es auskostete und für seine dichterische Produktivität ausschöpfte.

Ähnlich verhält es sich im Falle Charlotte Buffs und Lili Schönemanns. In Goethes Briefen an die Kestners kommen zahlreiche petrarkistische Motive vor (z. B. Fetische, Tantalus, Nichtvergessenkönnen, Lust am Leiden). Hinzukommt das Nichtvergessenwollen (s. Belege, Kennedy, 1995, S. 111-112). In den Lili-Liedern schließlich manifestieren sich vor allem das Motiv der »Unentrinnbarkeit und des Gefangenseins« durch die »Zaubermacht der Frau«, »das Motiv des angeketteten Liebhabers«, das der Qual der Erinnerung und der Klage (ebd., S. 114-116).

Während Kennedy sich vor allem auf Gedichte, Schäferspiel und Briefe konzentrierte, widmete Fechner dem Roman seine Aufmerksamkeit. Wie der *Canzoniere* besteht *Werther* aus zwei Teilen, dem Leben und dem Tod des Liebenden. Jahreszeiten, Natursymbolismus und die Wirkung der schwarzen Augen der Geliebten sind ein ebenso sicheres Zeichen für Goethes erfolgreiche Synthese von Konfession und Konvention wie der Konflikt Werthers zwischen himmlischer und irdischer Liebe, Sehnsucht nach Liebeserfüllung und Zerstörungsdrang (s. Fechner, 1982).

Als Modell dieses leidenschaftlichen Briefromans ist Rousseaus *Nouvelle Héloïse* (1761) bekannt, aber zu verweisen ist in diesem Kontext auf das Liebesverhältnis St. Preux' zu Julie, das trotz der nicht-Petrarcaschen Situation (Teil I: Liebesvollzug trotz Heiratsverbotes; Teil II: platonische Liebe im Hause der verheirateten Julie) streckenweise petrarkistisch beschrieben wird. Der gesamte Motivkreis der petrarkistischen Liebesklage kehrt z. B. in den ersten Briefen wieder: Da ist die Rede von der grausamen Geliebten, in deren Hand Tod oder Leben des Geliebten liegen, von dem Kuß, der zugleich Seelenkuß und Todeskuß ist, von der Tyrannei Julies, die St. Preux zu einer vorübergehenden Trennung auffordert sowie von seinem völligen Selbstverlust (»je ne vois, je ne sens plus rien, et dans ce moment d'aliénation, que dire, que faire, ou me cacher, comment répondre de moi?«; ich sehe und fühle nichts mehr, und in diesem Zustand der Selbstentfremdung, was kann ich sagen, tun, wo mich verstecken, wie antworten? I, 1. Brief). Goethe war zweifellos durch die Kombination der deutschen mit der französischen Petrarkismus-Rezeption zur verstärkten Aufnahme und Umgestaltung dieser Elemente in seinem *Werther* angeregt worden sein.

Wie Forster gezeigt hat, ist der Empfang Helenas (*Faust II*, 3. Akt: »Innerer Burghof«) von Motiven des Renaissance-Petrarkismus durchwebt. Helenas Schönheit blendet Lynkeus bis zum Selbstverlust, dann tritt Phorkyas heftig dazwischen (»Buchstabiert in Liebesfibeln«, Vers 9419; s. Forster, 1969, S. 148-168). Und erinnert Gretchens »Meine Ruhe ist hin« (Vers 3374-3413) nicht von Ferne an Petrarcas »Pace non trovo«? (C 134).

Die Forschung hat den *West-östlichen Divan* meist im Lichte der orientalischen Spätphase Goethes interpretiert und darüber Goethes Zeilen mißachtet: »Orient und Okzident / Sind nicht mehr zu trennen« (*Divan.*»Aus dem Nachlass«). In berühmten Gedichten wie »Selige Sehnsucht«, »Locken, haltet mich gefangen«, »In tausend Formen«, »Vollmondnacht« ist die petrarkistische Tradition unverkennbar, die Goethe witzig-ironisch in der Abwandlung konventioneller Motive (vom Schmetterling im Feuer, dem Ätna in der Brust, der »sauersüßen« Liebe) wieder aufgriff (s. Hoffmeister, 1977 und Mielke, 1983). Stärker als den Epigonen schloß sich Goethe Petrarca selber in seinen siebzehn Sonetten an Minna Herzlieb (1807) und in der *Marienbader Elegie* an Ulrike von Levetzow an (Ms. 1823). Aus den Schmerzen des Abschiedes rettet ihn wie Petrarca vorher nur die Kunst.

Mit Heines Abgesang der Romantik erfolgte gleichzeitig die Entideologisierung der petrarkistischen Tradition, denn Heine benutzte die Konvention nur noch, um sie ironisch als

›Donquichotterie‹ zu entlarven. Manfred Windfuhr sieht die »Ironisierung petrarkistischer Formeln« geradezu als Heines Leistung an (1966, S. 279). Diese Beobachtung erstreckt sich von der Lyrik (»Das Liedchen von der Reue«, »Die Lehre« im *Buch der Lieder*, 1827) über die Tragödie *Almansor* (1823) zur Prosa (*Das Buch Le Grand*, 1826, Kapitel 18; s. Bianchi, 1983).

Genauso beliebt wie in Deutschland war das Sonett bei den englischen Romantikern (Wordsworth; Keats), allein Shelley erkannte in Petrarca einen Seelenbruder (s. *Defence of Poetry*, 1821), dessen Grab er aufsuchte (s. auch »Lines Written among the Euganean Hills«, 1818). Seine fragmentarische Terzinendichtung *The Triumph of Life* (Ms. 1822) könnte auf den ersten Blick als siebenter *Trionfo* erscheinen, wobei statt Amor das Leben die gefangenen Gestalten anführt. Am Ende siegt jedoch nicht der Himmel wie bei Petrarca sondern die Verzweiflung (Leben als Agonie, Vers 295; als Hölle, V. 333). So enthüllt sich dies Werk als Selbstporträt Shelleys und seiner Weltanschauung von der Willensfreiheit und der Existenz des Bösen in der Gesellschaft. Wie sehr die Traditionsströme miteinander verschmolzen, zeigen die Führung des Ichs durch Rousseau, der an die Stelle Vergils bei Dante getreten ist sowie die Einarbeitung der englischen ›Masque‹-Tradition vor Milton.- Obgleich Byron keine Sonette verfaßt hat, war er seinerseits ebenfalls mit der petrarkistischen Tradition vertraut, wie seine *Oriental Tales*, insbesondere *The Giaour* (1813) beweisen. Zu erwähnen sind außerdem einige Gedichte in *Hebrew Melodies* (1815), z. B. »She walks in Beauty« und »Sun of the Sleepless« (Am Rande seien noch Barrett-Brownings *Sonnets from the Portuguese*, 1850, vermerkt; dazu s. Goldstein, 1958; und aus dem osteuropäischen Bereich Mickiewicz' Odessa-Sonette (1826) mit der »Laura-Gruppe«, s. Hoffmeister, 1990, S. 108).

VII. Forschungsaufgaben

Die Petrarca-Forschung und die Untersuchung seiner Rezeption haben in der zweiten Hälfte des zwanzigsten Jahrhunderts außerordentliche Fortschritte gemacht, vor allem Dank der wissenschaftlichen Arbeiten von Billanovich, Buck, Rico, Wilkins und zahlreichen anderen hervorragenden Gelehrten im italienischen und internationalen Bereich. Die Zunahme spezialisierter Forschungsarbeit äußert sich in der Gründung neuer Zeitschriften, z. B. der *Studi Petrarcheschi* (1948) und der *Quaderni Petrarcheschi* (1983). Und in Zukunft wird Petrarcas Werk eine unerschöpfliche Fundgrube für alle sein, die sich der Erforschung der Ursprünge der Renaissance und insbesondere des Renaissancehumanismus widmen. Als Initiator der humanistischen Gelehrtenrepublik mit ihrem supranationalen Kommunikationsnetz verdient Petrarca der Briefschreiber noch viel mehr Aufmerksamkeit als bisher; unbedingte Voraussetzung dafür ist jedoch die Bereitstellung kritischer Ausgaben seiner Briefsammlungen, vor allem der *Variae* und *Seniles*. Überhaupt ist es eine Schande, daß die 1926 in Angriff genommene wissenschaftliche Nationalausgabe steckengeblieben ist. Der Abschluß dieses Gesamtwerkes ist das dringenste Gebot der Petrarca-Forschung, damit es endlich für alle weiteren Arbeiten eine gemeinsame Grundlage gibt. Die Deutung vieler Einzelaspekte von Petrarcas Werk hängt genauso von zuverlässigen Texten ab wie die ständige Bemühung heranwachsender Gelehrtengenerationen um ein Verständnis des ganzen Oeuvre.

Am meisten ist noch zu tun auf dem Sektor des sog. ›lateinischen Petrarkismus‹ und der Petrarkismus-Forschung überhaupt. Was die Literatur des deutschen Raumes angeht, sind Studien über die Ausstrahlung Petrarcas und des Petrarkismus auf die Neulateiner von Petrus Lotichius Secundus an und Monographien über weitere Vertreter wie Camerarius, Hessus und Johannes Secundus erwünscht. Es mangelt an einer Untersuchung Rienzos und Petrarcas als Muster für Neumarkts Briefstil. Um Fehlurteile über die Entwicklung der Lyrik zu vermeiden, sind die scheinbar originalen Liebesgedichte des 16. und 17. Jahrhunderts noch vielfach auf ihre möglichen Quellen (Petrarca oder Petrarkisten, antike oder neulateinische Vorlagen) zu überprüfen. Auch die sog. ›Bekenntnisdichtung‹ des 18. Jahrhunderts ist mit entsprechender Umsicht zu beurteilen, wie K. Kennedys Arbeit gerade (1995) gezeigt hat. Eine komparatistische Perspektive ist meistens unerläßlich, weil das Imitationsprinzip bis ins späte 19. Jahrhundert vor keinen Landes- und Sprachgrenzen haltmachte, und der Petrarkismus für die Praktiker der ›Intertextualität‹ ausgezeichnetes Material liefert. Einen ersten Anstoß für das »Spiel der Texte« hat Luzius Keller bereits 1974 gegeben. In seiner umfangreichen, komparatistisch angelegten Anthologie folgt einem Gedicht Petrarcas jeweils eine Reihe von Übersetzungen und Nachahmungen, die die vergleichende Lektüre der parallel geschalteten Texte zu einem Abenteuer des Geistes machen. Davon ausgehende Interpretationen fehlen bis heute.

Schließlich dürfte eine Ausweitung des Blickfeldes auf andere Gattungen erfolgversprechend sein. Wenn der Petrarkismus die ideale Integration von Form und Gehalt auch im Sonett erzielt, so lohnt sich doch eine eingehende Arbeit über die Sprache der Liebenden in Drama und Prosa, die von Roland Barthes' *Fragmente einer Sprache der Liebe* (1977, Übers. 1988) ausgehen könnte. Zum Beispiel wäre es interessant, die petrarkistischen Einschläge in der Dramensprache der englischen Komödianten, in Gryphius' *Catharina von Georgien* und Lohensteins *Agrippina* zu untersuchen, um nur ein Thema aus dem deutschen Bereich zu nennen. Außerdem wäre mit Gewinn das Schöheitsideal im Drama der Renaissance, des Barock und des Aufklärungszeitalters (z. B. bei Lessing, Lenz, Klinger, Goethe) und im Versepos (Poliziano, Ariost, Torquato Tasso) zu analysieren. Der Petrarkismus in der Prosa ist noch weitgehend unbekannt. Darum wäre eine Gesamtstudie, die vom europäischen Liebes-, Ritter- und Pastoralroman ausginge (z. B. Enea Silvio Piccolomini, Diego de San Pedro, *Amadís,* Cervantes, Montemayor, Sidney etc.), die großen Romane Grimmelshausens, Zieglers, Wielands etc. in den Mittelpunkt rückte und das Fortleben petrarkistischer Elemente im Trivialroman des 18. Jahrhunderts nachwiese, ebenfalls sehr erwünscht. Es fehlt außerdem an einer Geschichte des europäischen Petrarkismus (s. Hoffmeister, 1973, S. 86-87).

Bibliographie

1. Handschriften

Besomi, O.: »Codici petrarceschi nelle biblioteche svizzere,« IMU 8 (1965) S. 369-429.

Feo, Michele (Hrsg.): *Codici latini del Petrarca nelle biblioteche fiorentine*, Florenz 1991.

Hoepli, V. (Hrsg.): *Vergilianus Codex* (Faksimile), Mailand 1930.

Ineichen, G.: »F. Petrarca,« in: *Geschichte der Textüberlieferung*, Band II, Zürich 1964, S. 485-503.

Jasenas, Michael: *Petrarch in America. A Survey of Petrarchan Manuscripts*, Washington D. C. 1974.

Pellegrin, E.: *Manuscrits de Pétrarque dans les bibliothèques de la France*, Padua 1966.

Porena, Manfredi (Vorwort): *Il codice vaticano lat. 3196 autografo del Petrarca* (Codices e vaticanis selecti, Band 26), Rom 1941.

Romano, Angelo (Hrsg.): *Il Codice degli Abbozzi di F. Petrarca* (=Vat. Lat. 3196), Rom 1955.

Sottili, Agostino, »I Codici del Petrarca nella Germania Occidentale«, IMU 10 (1967)-20 (1977) und Padua 1971-1978.

Vatasso, Marco (Hrsg.): *L'originale del Canzoniere di F. Petrarca* (=Vat. Lat. 3195), Mailand 1905.

– : *I Codici Petrarcheschi della Biblioteca Vaticana*, Rom 1908.

2. Ausgaben

2.1 Gesamtausgaben

Francisci Petrarchae Opera, 4 Bände, Basel 1554; Reprint 4 Bände, Ridgewood, New Jersey, Farnborough, England 1965.

Nationalausgabe Florenz ab 1926, unvollständig; bisher erschienen:

Africa, hrsg. Nicola Festa, Florenz 1926; *Le Familiari*, hrsg. Vittorio Rossi und Umberto Bosco, 3 Bände, Florenz 1933-1942, Reprint 1968; *Rerum memorandarum libri*, hrsg. Guiseppe Billanovich, Florenz 1943; *De viris illustribus*, hrsg. Guido Martellotti, Band 1, Florenz 1964.

2.2 Lateinische Werke

Briefwechsel des Cola di Rienzo, hrsg. Konrad Burdach und Paul Piur, 6 Bände, in: *Vom Mittelalter zur Reformation* III, Berlin 1912.

Il ›Bucolicum carmen' e i suoi commenti inediti, hrsg. Antonio Avena, Padua 1906

Epistole (Auszüge), hrsg. Ugo Dotti, Turin 1978.

Epistolae de rebus familiaribus et Variae, hrsg. Joseph Fracassetti, 3 Bände, Florenz 1863.

Familiarium rerum libri, in: *Opere,* introduzione per Mario Martelli, Florenz 1975.

Opere di F. Petrarca, hrsg. Emilio Bigi und G. Ponte, Mailand 1963, 4. Auflage 1968; zitiert nach 2. Auflage 1964.

F. Petrarca, *Opere latine,* hrsg. Antonietta Bufano, 2 Bände, Turin 1975.

Petrarcas Briefwechsel mit deutschen Zeitgenossen, hrsg. Paul Piur, in: *Vom Mittelalter zur Reformation* VII, Berlin 1933.

Petrarcas ›Buch ohne Namen‹ und die päpstliche Kurie, Deutsche Vierteljahresschrift Buchreihe 6. Band, Halle 1925.

Petrarch's Bucolicum Carmen, edited, translated and annotated Thomas G. Bergin, New Haven, London 1974.

Prosatori latini del Quattrocento, hrsg. E. Garin, Mailand, Neapel 1952.

Prose, hrsg. G. Martellotti et. al., Mailand, Neapel 1955 (enthält u. a. Auszüge aus *De remediis utriusque fortunae*).

Les Psaulmes pénitentiaux, hrsg. H. Cochin, Paris1929.

Le Senili (Buch 1), hrsg. Ugo Dotti, Rom 1993.

Sine nomine: Lettere polemiche e politiche, hrsg. Ugo Dotti, Bari 1974.

2.3 Italienische Werke

Appel, Carl: *Zur Entwickelung italienischer Dichtungen Petrarcas. Abdruck des Cod. Vat. Lat. 3196,* Halle 1891.

Appel, Carl (Hrsg.): *Die Triumphe F. Petrarcas,* Halle 1901.

Rerum vulgarium fragmenta, hrsg. G. Contini, Paris 1959, Turin 1964.

Le Rime di F. Petrarca di su gli originali, hrsg. G. Carducci und S. Ferrari, Florenz 1899; Reprint 1957.

Rime, Trionfi e Poesie Latine, hrsg. F. Neri et al., Mailand, Neapel 1951.

Die sechs Triumphe und die sechs Visionen des Herrn F. Petrarca: das Manuskript Ms. Phill. 1926 aus dem Bestand der Dt. Staatsbibliothek Berlin, hrsg. Angelika Kuhrt, Wiesbaden 1988.

3. Deutsche Übersetzungen

Berghoff-Buhrer, Margrith: *Das Bucolicum Carmen des Petrarca; ein Beitrag zur Wirkungsgeschichte von Virgils Eclogen: Einführung, lateinischer Text, Übersetzung und Kommentar zu den Gedichten 1-5, 8 und 11*, Bern, New York, 1991.

Buck, August (Hrsg. und Einleitung) und Klaus Kubusch (Übers.): Francesco Petrarca, *De sui ipsius et multorum ignorantia – Über seine und vieler anderer Unwissenheit* (Philosophische Bibliothek, Band 455), Hamburg 1993.

Friedersdorff, F. (Übers.): *F. Petrarcas poetische Briefe* (=*Epistolae metricae*), Halle 1903.

Gabor, Geraldine und Ernst-Jürgen Dreyer (Übers.): Francesco Petrarca, *Canzoniere*, Basel, Frankfurt a. M. 1989, 2. Auflage 1990.

Geiger, Benno (Übers.): Francesco Petrarca, *Das lyrische Werk*, Darmstadt, Berlin, Neuwied, 1958.

Hefele, Hermann (Übers.): *Brief an die Nachwelt; Gespräche über die Weltverachtung; Von seiner und vieler Leute Unwissenheit*, Jena 1910, Zweitauflage 1925.

Heintze, Horst (Übers.): F. Petrarca, *Dichtung und Prosa*, Berlin-Ost 1968.

Lemmer, Manfred (Hrsg.): F. Petrarcha, *Von der Artzney bayder Glück / Des Guten vnd Widerwertigen* (=Reprint der Heinrich Steiner Übersetzung von 1532), Leipzig, Hamburg 1984.

Nachod, H. und P. Stern (Übers.): *Briefe des F. Petrarca: eine Auswahl*, Berlin 1931.

Schottlaender, Rudolf (Übers.), Eckhard Kessler (Hrsg.): *Heilmittel gegen Glück und Unglück=De remediis utriusque fortunae: zweisprachige Ausgabe in Auswahl*, München 1974, 2. Auflage 1988 (mit Bibliographie der lateinischen Werke S. 317-326).

Steinmann, Kurt (Übers.): *Die Besteigung des Mont Ventoux* (Lat.-Deutsch), Stuttgart, Leipzig 1995.

Trillitzsch, Winfried (Hrsg. u. Übers.): Petrarca-Briefe, in: *Der dt. Renaissance-Humanismus*, Leipzig 1981, S. 113-129.

4. Hilfsmittel

4.1 Bibliographien

Amaturo, Raffaele: *Petrarca*, Roma, Bari 1971, 2. Auflage 1974 (S. 389-405).

Bosco, Umberto: *F. Petrarca*, Bari 1946, 3. Auflage 1965 (S. 288-302).

Catalogue of the Petrarch Collection in Cornell University Library, Millwood, New York 1974.

Quaglio, A. E.: *F. Petrarca*, Mailand 1967 (S. 197-237).
Sapegno, N.: *Il Trecento*, Mailand 1955, 2. Auflage 1960 (S. 165-276).

4.2 Konkordanz

Concordanze del Canzoniere di F. Petrarca, 2 Bände, Florenz 1971.

4.3 Forschungsberichte

Baron, Hans: »Petrarcas geistige Entwicklung. Gedanken zum gegenwärtigen Stand der Petrarca-Forschung«, in: August Buck, *Petrarca* (=Wege der Forschung), Darmstadt 1976, S. 367-423 (=Übersetzung des engl. Originals »The Evolution of Petrarch's Thought«, in: *Bibliothèque d'Humanisme et Renaissance* 24 (1962) S. 7-41).

Bonaro, B.: »Lineamenti di storia della critica petrarchesca«, in: W. Binni (Hrsg.): *I Classici italiani nella storia della critica*, Florenz 1954, S. 95-166.

Carrara, E.: »Petrarca«, *Encyclopedia Italiana*, Band IX, Rom 1937, S. 8-23.

Fucilla, Joseph: »The Present State of Petrarchan Studies«, in: Aldo Scaglione (Hrsg.): *Francis Petrarch, Six Centuries Later*, Durham, North Carolina 1975, S. 25-55.

Mazzamuto, P.: »Petrarca«, in: *Rassegna bibliografica e critica della letteratura italiana*, Florenz 1970, S. 83-96.

Noe, Alfred: *Der Einfluß des italienischen Humanismus auf die deutsche Literatur*, Tübingen 1993.

Scaglione, Aldo: »Rassegna di studi petrarcheschi«, *Romance Philology* (1974) S. 61-75.

Sozzi, Bortolo T.: *Petrarca. Storia della Critica*, Palermo 1963, 2. Auflage 1968.

5. Literatur (in Auswahl)

5.1 Leben und Lebensführung

Baron, Hans: »Petrarch. His Inner Struggles and the Humanistic Discovery of Man's Nature,« in: *Florilegium Historiale*. Essays presented to W. K. Ferguson, hrsg. J. G. Rowe und W. H. Stockdale, Toronto 1971, S. 18-51.

Bayley, C. C.: »Petrarch, Charles IV, and the Renovatio Imperii«, *Speculum* 17 (1942) S. 323-341.

Buck, August: »Petrarcas Humanismus. Eine Einleitung«, in: *Petrarca* (=Wege der Forschung, Nr. 353), hrsg. A. Buck, Darmstadt 1976.

Dotti, Ugo: *Petrarca a Milano. Documenti milanesi 1353-1354*, Mailand 1972.

– : *Petrarca e la scoperta della coscienza moderna*, Mailand 1978.

– : *Vita di Petrarca*, Rom, Bari 1987.

Eppelsheimer, Hanns Wilhelm: *Geschichte der europäischen Weltliteratur*, Band I, Frankfurt 1970.

Hausmann, Frank-Rutger: »F. Petrarcas Briefe an Kaiser Karl IV. als Kunstprosa«, in: *Der Brief im Zeitalter der Renaissance*, hrsg. Franz Josef Worstbrock, Weinheim 1983, S. 60-77.

Heitmann, Klaus: *Fortuna und Virtus. Eine Studie zu Petrarcas Lebensweisheit*, Köln, Graz 1958.

Kölmel, Wilhelm: »Petrarca und das Reich«, *Historisches Jahrbuch* 90 (1970) S. 1-30.

Könneker, Barbara: *Satire im 16. Jahrhundert. Epoche – Werke – Wirkung*, München 1991.

Öncel, Süheyla: *L'innovazione umanistica del Petrarca*, Padua 1971.

Petrarch, F.: *The Revolution of Cola di Rienzo*, hrsg. Mario E. Cosenza, Chicago 1913, 2. Auflage New York 1986.

Piccolomini, Enea Silvio: *Tractatus de liberorum educatione*, in: *Il Pensiero pedagogico dell'Umanesimo*, hrsg. Eugenio Garin, Florenz 1958.

Rizzi, F.: *F. Petrarca e il decennio parmense (1341-1351)*, Turin 1934.

Santagata, Marco: *Petrarca e i Colonna*, Lucca 1980.

Suerbaum, Werner: »Poeta laureatus et triumphans. Die Dichterkrönung Petrarcas und sein Ennius-Bild«, *Poetica* 5 (1972) S. 293-328.

Wilkins, E. H.: *Studies in the Life and Works of F. Petrarca*, Cambridge, Mass. 1955.

– : *Life of Petrarch*, Chicago 1961 (italienische Übersetzung 1964).

– : »Die Krönung Petrarcas«, in: *Petrarca*, hrsg. A. Buck, Darmstadt 1976, S. 100-167.

5.2 Gesamtdarstellungen und Sammelwerke

Amaturo, Raffaele: *Petrarca con due capitoli introduttori al Trecento*, Rom und Bari 1971, 2. Auflage 1974.

Bergin, Thomas: *Petrarch*, New York 1970.

Bernardo, Aldo S., Hrsg.: *F. Petrarch Citizen of the World*. Proceedings of the World Petrarch Congress, Wash. D.C. 1974, Padua 1980.

Billanovich, Giuseppe: *Petrarca letterato*: I, *Lo scrittoio del P.*, Rom 1947 (zitiert 1947).

– : »Nella biblioteca del Petrarca«, IMU 3 (1960) S.1-58.

–, Hrsg.:*Il Petrarca ad Arquà*. Atti del Convegno di Studi nel VI Centenario (1370-1374), Padua 1975.

Bishop, Morris: *Petrarch and his World*, London 1964.

Bosco, Umberto: *F. Petrarca*, Bari 1946, 3. Auflage 1965.

Buck, August, Hrsg.: *Petrarca* (Wege der Forschung Nr. 353), Darmstadt 1976.

–, Hrsg.: Giannozzo Manetti: *Über die Würde und Erhabenheit des Menschen*, Hamburg 1990.

– : *Studien zu Humanismus und Renaissance. Gesammelte Aufsätze aus den Jahren 1981-90*, Wiesbaden 1991.

Calcaterra, Carlo: *Nella selva del Petrarca*, Turin 1942, 2. Auflage 1966.

Caliendo, Gaspare: *Guida allo studio dell' opera letteraria di F. Petrarca*, Neapel o. J.

De Sanctis, Francesco: *Saggio critico sul Petrarca*, 1869, hrsg. N. Gallo und N. Sapegno, Turin 1964.

– : *Storia della letteratura italiana*, hrsg. G. Contini, Turin 1968.

Eppelsheimer, Hanns Wilhelm: *Petrarca*, Bonn 1926, 2. Auflage Frankfurt a. M. 1971.

Foscolo, Ugo: *Saggi sopra il Petrarca*, 1824, Mailand 1964.

Foster, Kenelm: *Petrarch: Poet and Humanist*, Edinburgh 1984.

Körting, G.: *Petrarca's Leben und Werk*, Leipzig 1878.

Mann, Nicholas: *Petrarch* (Past Masters Series), Oxford, New York 1984.

Martellotti, Guido: *Scritti petrarcheschi*, Padua 1983.

Mazzotta, Giuseppe: *The Worlds of Petrarch,* Durham, N. C.1993.

Nolhac, Pierre de: *Pétrarque et l'humanisme*, Paris 1892, 2. Auflage 1907, Reprint 2 Bände, Turin 1959; Paris 1965.

O'Rourke-Boyle, Marjorie: *Petrarch's Genius. Pentimento and Prophecy,* Berkeley und Los Angeles 1991.

Scaglione, Aldo, Hrsg.: *Francis Petrarch Six Centuries Later*, Chapel Hill 1975.

Schalk, Fritz, Hrsg.: *Petrarca 1304-1374. Beiträge zu Werk und Wirkung,* Frankfurt a. M. 1975.

Whitfield, John H.: *Petrarch and the Renascence*, Oxford 1943 (italienische Übersetzung 1949), Reprint New York 1966.

5.3 Zum lateinischen Werk

Avena, Antonio: *Il Bucolicum Carmen e suoi commenti inèditi*, Padua 1906.

Baron, Hans: *Petrarch's Secretum. Its Making and its Meaning*, Cambridge, Mass. 1985.

Bergdolt, Klaus: *Arzt, Krankheit und Therapie bei Petrarca. Die Kritik an Medizin und Naturwissenschaft im italienischen Frühhumanismus*, Weinheim 1992.

Bernardo, Aldo S.: »Dramatic Dialogue and Monologue in Petrarch's Works«, *Symposium* 7 (1953) S. 92-120.

–: »Letter-Splitting in Petrarch's ›Familiares‹«, *Speculum* 33 (1958) S. 236-241.

–: *Petrarch, Scipio and the Africa, The Birth of Humanism's Dream*, Baltimore 1962.

Billanovich, Giuseppe: *I Primi umanisti e le tradizioni dei classici latini*, Freiburg (Schweiz) 1953.

—: »Petrarca e il Ventoso«, IMU 9 (1966) S. 389-401; deutsche Übersetzung in A. Buck, Hrsg.: *Petrarca*, Darmstadt 1976, S. 444-461.

—: »Petrarca und Cicero«, ebd., S. 168-192.

Braccesi, Lorenzo: *Introduzione al ›De viris illustribus‹*, Bologna 1973.

Caputo, Rino: *Cogitans fingo. Petrarca tra Secretum e Canzoniere*, Rom 1987.

Carrara, E: »L'epistola ›Posteritati‹ e la leggenda petrarchesca«, in: E. C.: *Studi petrarcheschi e altri scritti*, Turin 1959, S. 3-76.

Castelli, A.: »Sul de Vita Solitaria«, *Rassegna di scienze filosofiche* 22 (1969), S. 349-368.

Da Prati, P.: *Il dissiduo nell' arte e nell'anima del Petrarca*, San Remo 1963.

Dotti, Ugo: »La Formazione dell' umanesimo del Petrarca. Le ›Epistole metriche‹«, *Belfagor* 23 (1968) S. 532-563.

Durling, Robert M.: »The Ascent of Mt. Ventoux and the Crisis of Allegory«, *Italian Quarterly* 18 (1974) S. 7-28.

Gerosa, Pietro Paolo: *Umanesimo cristiano del Petrarca. Influenza agostiniana, attinenze medievali*, Turin 1966.

Godi, C.: »›La *Collatio laureationis* del Petrarca‹, Text and Commentary«, IMU 13 (1970) S. 1-27.

Greenfield, Concetta C.: »The Poetics of F. Petrarch«, in: A. Scaglione: *F. Petrarch*, 1975, S. 213-222.

Hainsworth, Peter: *Petrarch the Poet. An Introduction to the ›Rerum vulgarium fragmenta‹*, London, New York 1988.

Heitmann, Klaus: »La Genesi del ›De remediis utriusque fortunae‹ del Petrarca«, *Convivium* N. F. 25, 1 (1957) S. 9-30.

—: »Augustins Lehre in Petrarcas Secretum« (1960), Reprint in: A. Buck: *Petrarca*, Darmstadt 1976, S. 282-307.

Heydenreich, Titus: »Petrarcas Bekenntnis zur Ignoranz« (=*De sui ipsius*), in: *Petrarca 1304-1374*, hrsg. F. Schalk 1975, S. 71-92.

Kablitz, Andreas: »Petrarcas Augustinismus und die écriture der Ventoux-Epistel«, *Poetica* 26 (1994) S. 31-69.

Kessler, Eckhard: *Petrarca und die Geschichte. Geschichtsschreibung, Rhetorik, Philosophie im Übergang vom Mittelalter zur Neuzeit*, München 1978.

Kristeller, Paul Oskar: »Petrarch«, in: *Eight Philosophers of the Italian Renaissance*, Stanford 1964, S. 1-18.

Martinelli, Bortolo: *Petrarca e il Ventoso*, Bergamo 1977.

Mommsen, Theodor E.: »Petrarch and the Decoration of the Sala virorum illustrium«, *The Art Bulletin* (1952) S. 95-116.

Rico, Francisco: *Vida u obra de Petrarca. 1. Lectura del Secretum*, Padua 1974.

Roloff, Hans-Gert: »Neulateinische Literatur«, in: *Propyläen Geschichte der Literatur*, Band 3: *Renaissance und Barock 1400-1700*, Berlin 1984, S. 196-230.

Sapegno, N.: »Le Lettere del Petrarca«, in: *Pagine di storia letteraria*, Palermo 1960, S. 63-114

Toffanin, G.: *Storia dell' umanesimo del XIII al XVI secolo*, Bologna 3. Auflage 1943, Reprint 1964 (über P's polemische Werke).

Charles Trinkaus: »Humanist Treatises on the Religious«, *Studies in the Renaissance* 11 (1964) S. 7-45 (über *De otio religioso*).
—: *The Poet as Philosopher, Petrarch and the Formation of Renaissance Consciousness*, New Haven, London 1979.
Ullman, Berthold L.: *Studies in the Italian Renaissance*, Rom 1955.
Wilkins, E. H.s: *The Prose Letters of Petrarch. A Manual*, New York 1951.
—: *Petrarch's Correspondence*, Padua 1960.

5.4 Zur italienischen Dichtung

Bernardo, Aldo S.: *Petrarch, Laura and the Triumphs*, Albany, N. Y. 1974.
Bosco, Umberto: *La lirica del Petrarca*, Rom 1965.
—: »Petrarcas lyrische Sprache zwischen Dante und Bembo«(1961), in: A. Buck: *Petrarca* 1976, S. 334-348.
Buck, August: *Der Einfluß des Platonismus auf die volkssprachliche Literatur im Florentiner Quattrocento*, Köln 1965.
Carducci, Giosuè: *Prose 1859-1903*, Bologna 1904, Reprint 1963.
Contini, Gianfranco: *Varianti e altra linguistica. Una raccolta di saggi*, Turin 1970.
—: »Präliminarien zu Petrarcas Sprache« (1951), in: A. Buck: *Petrarca* 1976, S. 231-260.
Croce, Benedetto: *Sulla Poesia del Petrarca*, Neapel 1929; wiederabgedruckt in :«La poesia del Petrarca«, in: *Poesia popolare e poesia d'arte*, Bari 1933, S. 65-81.
Dotti, Ugo: »Petrarca: il mito dafneo«, *Convivium* 37 (1969) S. 9-23.
Ferrero, Giuseppe G.: *Petrarca e i trovatori*, Turin 1959.
Fubini, Mario: *Metrica e poesia*, Band I: *Dal Duecento al Petrarca*, Mailand 1962, S. 222-346.
Jones, Frederic J.: *The Structure of Petrarch's Canzoniere*, Cambridge, England 1995.
Kablitz, Andreas: »Die Herrin des Canzoniere und ihre Homonyme. Zu Petrarcas Umgang mit der Laura-Symbolik«, *Romanische Forschungen* 10 (1989) S. 14-41.
König, Bernhard: »Die Anordnung der Gedichte des Canzoniere als Problem der Literaturkritik u. der Petrarca-Editionen des 15. bis 19. Jh's.«, *Romanistisches Jahrbuch* 44 (1993) S. 124-138.
Marvardi, Umberto: *La Poesia religiosa del Petrarca volgare*, Rom 1961.
Noferi, Adelia: *L'Esperienza poetica del Petrarca*, Florenz 1962.
Noyer-Weidner, Alfred: »Zur Mythologieverwendung in Petrarcas ›Canzoniere‹«, in: *Petrarca*, hrsg. F. Schalk 1975, S. 221-242.
Perugi, Maurizio: *Trovatori a Valchiusa*, Padua 1985.
Petrini, Mario: *La Risurrezione della carne. Saggi sul' Canzoniere*, Mursia 1993.
Petronio, G.: »Storicità della lirica politica del F. Petrarca«, *Studi Petrarcheschi* 7 (1961) S. 247-264.

Porters, Wilhelm: *Chi era Laura? Strutture linguistiche e matematiche nel Canzoniere,* Bologna 1987.

Rico, Francisco: »›Rime sparse‹, ›Rerum vulgarium fragmenta‹. Para el titulo y el primer sonetto del ›Canzoniere‹«, *Medioevo Romanzo* 3 (1976) S. 101-138.

Santagata, Marco: *Dal Sonetto al Canzoniere. Ricerche sulla preistoria di un genere,* Padua 1979.

–: *Per Moderne carte. La biblioteca volgare di Petrarca,* Bologna 1990.

–: *I Frammenti dell' anima. Storia e racconto nel Canzoniere di Petrarca,* Bologna 1992.

Sapegno, N.: *La poesia del Petrarca,* Rom 1965.

Spitzer, Leo: »Zum Aufbau von Petrarcas Trionfi« (1946), in L. S.: *Romanische Literatur-Studien 1936-56,* Tübingen 1959, S. 614-623.

Suitner, Franco: *Petrarca e la tradizione stilnovistica,* Florenz 1977.

Tilden, Jill: »Spiritual Conflict in Petrarch's Canzoniere«, in: *Petrarca,* hrsg. F. Schalk 1975, S. 287-319.

Trovato, P.: *Dante in Petrarca,* Florenz 1979.

Velli, G.: *Petrarca e Boccaccio,* Padua 1979.

Wilkins, E. H.: *The Making of the Canzoniere and Other Petrarchan Studies,* Rom 1951.

5.5 Zur Rezeption

a) zum lateinischen Werk

Baron, Hans: *From Petrarch to L. Bruni,* Chicago 1968.

Bernstein, Eckhard: *Die Literatur des deutschen Frühhumanismus,* SM 168, Stuttgart 1978.

Bertalot, Ludwig: *Rudolf Agricolas Lobrede auf Petrarca,* Florenz 1928

Bertelsmeier-Kierst, Christa: *Griseldis in Deutschland. Studien zu Steinhöwel und Arigo,* Heidelberg 1988.

Billanovich, Giuseppe: »Da Padova all' Europa«, in: *Petrarca letterato. 1. Lo scrittoio del Petrarca,* Rom 1947.

–: *Gli Inizi della fortuna di F. Petrarca,* Rom 1947.

–: »Nella Biblioteca del Petrarca«, IMU 3 (1960) S. 1-58.

–: *Petrarca e Padua,* Padua 1976.

Borchardt, Frank: »Petrarch. The German Connection«, in: A. Scaglione, Hrsg.: *Petrarch* 1975, S. 418-431.

Buck, August: »Petrarca und die ersten Ansätze zu einem Humanismus in Böhmen«, *Wolfenbütteler Renaissance-Mitteilungen* 8 (1984) S. 1-7.

Burdach, Konrad, Hrsg.: *Aus Petrarcas ältestem deutschen Schülerkreise,* Berlin 1929.

Dionisotti, C.: »Fortuna del Petrarca nel Quattrocento«, IMU (1974) S. 61-113.

Frenzel, Elisabeth: *Stoffe der Weltliteratur*, 2. Auflage Stuttgart 1963.

Golenistcheff-Koutouzoff, Elie: *L'histoire de Griseldis en France au XIVe et au XVe siècle*, Paris 1933.

Guglielminetti, Marziano (Hrsg.): *Petrarca e il petrarchismo contemporaneo*, Turin 1978.

Handschin, Werner: *F. Petrarca als Gestalt der Historiographie. Seine Beurteilung in der Geschichtsschreibung vom Frühhumanismus bis zu J. Burckhardt*, Basel 1964.

Hess, Ursula: *Heinrich Steinhöwels ›Griseldis‹. Studien zur Text- und Überlieferungsgeschichte einer frühhumanistischen Prosanovelle*, München 1975.

Ijsewjn, Josef: »Lettori del Petrarca nei Paesi Bassi durante il Quattrocento«, in: Schalk, Hrsg.: *Petrarca* 1975, S. 93-96.

Karnein, Alfred: »Petrarca in Deutschland. Zur Rezeption seiner lateinischen Werke im 15. und 16. Jahrhundert«, in: Gerd W. Weber, Hrsg.: *Idee – Gestalt – Geschichte*. Festschrift Klaus von der See, Odensee 1988, S. 159-186.

Knape, Joachim: *De Oboedientia et fide uxoris. Petrarcas humanistisch-moralisches Exempel ›Griseldis‹ und seine frühe deutsche Rezeption*, Göttingen 1978.

–: *Die ältesten deutschen Übersetzungen von Petrarcas ›Glücksbuch‹; Texte und Untersuchungen*, Bamberg 1986.

Laserstein, Kate: *Der Griseldis-Stoff in der Weltliteratur*, Hildesheim 1926.

Mann, Nicholas: »Petrarch's Role as a Moralist in 15th Century France«, in: *Humanism in France at the End of the Middle Ages and the Early Renaissance*, New York, Manchester, England 1970, S. 6-28.

Nauwelaerts, N. A.: »Rodolphe Agricola et le Pétrarquisme aux Pays-Bas«, in: *The Late Middle Ages and the Dawn of Humanism outside Italy*, hrsg. M. G. Verbeke und J. Ijsewijn, Den Haag 1972, S. 171-181.

Salutati, Coluccio: *Epistolario*, hrsg. F. Novati, Rom 1891.

Sottili, Agostino: »Wege des Humanismus. Lateinischer Petrarchismus und deutsche Studentenschaften italienischer Renaissance-Universitäten«, in: D. H. Green et al., Hrsg.: *From Wolfram and Petrarch to Goethe and Grass. In Honor of L. Forster*, Baden-Baden 1982, S. 125-150.

Thompson, David and Alan F. Nagel, Hrsg.: *The Three Crowns of Florence: Humanist Assessments of Dante, Petrarch and Boccaccio*, New York 1972.

Whitfield, J. H.: *Petrarch and the Renaissance*, Oxford 1943, Reprint Ann Arbor 1964.

b) volkssprachiger Petrarkismus: *Synthesen, Definitionen, Vergleiche*

Alewyn, Richard (Hrsg.): *Deutsche Barockforschung*, Köln 1965.

Alonso, Dámaso: »La Poesía del Petrarca e il petrarchismo«, *Lettere italiane* XI (1959) S. 307-326.

Beckmann, Adelheid: *Motive und Formen der dt. Lyrik des 17. Jahrhunderts und ihre Entsprechungen in der französ. Lyrik seit Ronsard*, Tübingen 1960.

Bernardo, Aldo S., Hrsg.: *F. Petrarca, Citizen of the World*, Padua, New York 1980.

Buck, August (Hrsg.): *Zu Begriff und Problem der Renaissance*, Wege der Forschung, Darmstadt 1969.

Eisenbichler, Konrad und Amilcare A. Iannucci (Hrsg.): *Petrarch's Triumphs. Allegory and Spectacle*, Ottawa 1990.

Fechner, Jörg-Ulrich: *Der Antipetrarkismus. Studien zur Liebessatire in barokker Lyrik*, Heidelberg 1966.

Folena, Gianfranco (Hrsg.): *Traduzione e tradizione europea del Petrarca* (=Atti del III convegno sui problemi della traduzione letteraria), Padua 1975.

Forster, Leonard W: *The Icy Fire. Five Essays in European Petrarchism*, London 1969; deutsche Übersetzung Kronberg 1976.

Gmelin, Hermann: »Das Prinzip der Imitatio in den romanischen Literaturen der Renaissance,« *Romanische Forschungen* 46 (1932) S. 83-192.

Hempfer, Klaus W.: »Probleme der Bestimmung des Petrarkismus. Überlegungen zum Forschungsstand«, in: W.-D. Stempel u. Kh. Stierle, Hrsg.: *Die Pluralität der Welten. Aspekte der Renaissance in der Romania*, München 1987, S. 253-278.

–: »Die Pluralisierung des erotischesn Diskurses in der europäischen Lyrik des 16. u. 17. Jh's (Ariost, Ronsard, Shakespeare, Opitz)«, GRM 38 (1988) S. 251-264.

–: »Petrarkismus und romanzo«, in: K. W. Hempfer und G. Regn, Hrsg.: *Der petrarkistische Diskurs*, Stuttgart 1993, S. 187-220.

Hoffmeister, Gerhart: *Petrarkistische Lyrik*, SM 119, Stuttgart 1973.

–: »The Petrarchan Mode in European Romanticism«, in: G. H., Hrsg.: *European Romanticism. Literary Cross-Currents, Modes and Models*, Detroit 1990, S. 97-112.

Höpfner, Eckhard: »Modellierungen erotischer Diskurse und Canzoniere-Form im weiblichen italienischen Petrarkismus«, in: *Der petrarkistische Diskurs*, 1993, S. 115-146.

Hösle, Johannes, Hrsg.: *Texte zum Antipetrarkismus*, Tübingen 1970.

Keller, Luzius, Hrsg.: *Übersetzung und Nachahmung im europäischen Petrarkismus. Studien und Texte*, Stuttgart 1974.

Meozzi, A.: *Il Petrarchismo europeo (secolo XVI)*, Pisa 1934.

Meregalli F.: *Le Relazioni tra la letteratura italiana e la letteratura spagnola*, Venedig 1961.

Minta, Stephen: *Petrarch and Petrarchism. The English and French Tradition*, Manchester, England 1980.

Mirollo, James V.: *Mannerism and Renaissance Poetry: Concept, Mode, Inner Design*, New Haven 1984.

Petrarca e il petrarchismo (Atti del IIIe Congresso dell' Associazione internationale per gli studi di lingua e letteratura italiana, Aix-en-Provence, Marseille 1959), Bologna 1961.

Praz, Mario: *The Flaming Heart*, New York 1958.

Quondam, Amadeo: *Petrarchismo mediato: per una critica della forma antologia*, Rom 1974.

–: *Il Naso di Laura*, Ferrara 1991.

Regn, Gerhard: »Systemunterminierung und Systemtransgression. Zur Petrarkismus-Problematik in Marinos ›Rime amorose‹(1602)«, in: *Der petrarkistische Diskurs*, hrsg. Hempfer und Regn, 1993, S. 255- 280.

Spagnoletti, Giacinto: *Il Petrarchismo,* Mailand 1959.

Viscardi, Antonio: *Petrarca e petrarchismo*, Mailand 1966.

Wardropper, Bruce: *La Historia de la poesía a lo divino de la Cristiandad Occidental*, Madrid 1958.

Wilkins, Ernest H.: »A General Survey of Renaissance Petrarchism«, *Comparative Literature* 2 (1950) S. 327-342.

Italien

Baldacci, Luigi: *Il Petrarchismo italiano nel Cinquecento*, Mailand, Neapel 1957, Neuauflage Padua 1974.

Barbarisi, Gennaro und Claudia Berra, Hrsg.: *Il Canzoniere di F. Petrarca . La critica contemporanea*, Mailand 1992.

Belloni, Gino: *Laura tra Petrarca e Bembo. Studi sul commento umanestico-rinascimentale al Canzoniere*, Padua 1992.

Calcaterra, Carlo: »Il Petrarca e il petrarchismo«, in: *Problemi ed orientamenti critici di lingua e di letteratura italiana*, hrsg. A. Momigliano, Mailand 1949, III, S. 167-273.

Fede, Roberto: *La Memoria della poesia. Canzonieri, lirici e libri di rimi nel Rinascimento*, Rom 1990.

Friedrich, Hugo: *Epochen der italienischen Lyrik*, Frankfurt a. M. 1964.

Fubini, Mario: »Petrarchismo alfieriano«, in: *Ritratto dell' Alfieri*, Florenz 1951.

Heiple, Daniel L.: »P. Bembo and 16th Century Petrarchism«, in: D. H. (Hrsg.): *Garcilaso de la Vega and the Italian Renaissance*, University Park, Pennsylvania 1994.

Hempfer, Klaus W. und Gerhard Regn, Hrsg.: *Der petrarkistische Diskurs. Spielräume und Grenzen* (Kolloquium Berlin 1991), Stuttgart 1993.

Jones, F. J.: *The Development of Petrarchism and the Modern Italian Lyric,* Cardiff 1969.

Naselli, Carmelina: *Il Petrarca nell' Ottocento*, Neapel 1923.

Regn, Gerhard: *Torquato Tassos zyklische Liebeslyrik und die petrarkistische Tradition*, Tübingen 1987.

Russo, Luigi: *Il Petrarchismo italiano nel' 500*, Pisa 1958.

Santangelo, Giorgio: *Il Petrarchismo del Bembo e di altri poeti del 500*, Rom, Palermo 1967.

Scaglione, Aldo: »Cinquecento Mannerism and the Uses of Petrarch«, *Medieval and Renaissance Studies* 5 (Chapel Hill, 1971) S. 122-151.

Seybert, Gislinde: »Dolce stil nuovo und die Moderne. Von Petrarca zu Baudelaire«, in: *Liebe als Fiktion. Studien zu einer Literaturgeschichte der Liebe*, Bielefeld 1995, S. 15-27.

Frankreich

Bertoli, Lidi: *La Fortuna del Petrarca in Francia nella prima età del secolo XIX*, Livorno 1916.

Blechmann, W.: »Imitatio creatrix bei Ronsard,« *Zeitschrift für franzöz. Sprache und Lit.* 73 (1963) S. 1-16.

Cecchetti, Dario: *Il Petrarchismo in Francia,* Turin 1970.

Cocco, Mia: *La Tradizione cortese ed il petrarchismo nella poesia di Clement Marot,* Florenz 1978.

Mölk, Ulrich: »Petrarkismus – Antiitalianismus – Antipetrarkismus – Zur franzöz. Lyrik des 16. Jh's«, in: *Sprachen der Lyrik, Festschrift H. Friedrich,* Frankfurt a. M. 1975, S. 547-59.

Simone, F.: »Note sulla fortuna del Petrarca in Francia nella prima metà del Cinquecento«, *Giornale storico della lett. ital.* 127 (1950) S. 1-59.

Vianey, Joseph: *Le Pétrarquisme en France au XVIe siècle,* Montpellier 1909.

Wittschie, H. W.: *Die Lyrik der Pléiade,* Frankfurt a. M. 1971.

Witzenrath, E.: *Die Originalität der L. Labé. Studien zum weiblichen Petrarkismus,* München 1971.

Spanien

Baader, Horst: »Hofadel, Melancholie und Petrarkismus in Spanien«, in: *Petrarca,* hrsg. F. Schalk 1975, S. 1-32.

Croce, Benedetto: »Il Petrarca spagnuolo Garcilaso de la Vega,« *Aretusa* (1944) S. 57-67.

Cruz, A. J.: *Imitación y transformación, la trayectoria del petrarquismo en la poesía de Juan Boscán y Garcilaso de la Vega,* Diss. Stanford 1982.

Fucilla, José G.: *Estudios sobre el petrarquismo en España,* Madrid 1960.

Ghertman, Sharon: *Petrarch and Garcilaso. A Linguistic Approach to Style,* London 1975.

Grieve, P. E.: »Juan de Flores' other work: technique and genre of Triumpho de Amor«, *Journal of Hispanic Philology* 5 (1980-81) S. 25-40.

Heiple, Daniel L.: *Garcilaso de la Vega and the Italian Renaissance,* University Park, Pennsylvania 1994.

Lapesa, R.: *La Obra literaria del m. de Santillana,* Madrid 1967.

Lentzen, Manfred: »Der ›Aucto de los triunfos de Petrarca, a lo divino«, in: Schalk 1975, S. 139-155.

Manero Sorolla, Maria Pilar: *Introducción al estudio del petrarchismo en España,* Barcelona 1987.

Navarrete, Ignacio: *Orphans of Petrarch. Poetry and Theory in the Spanish Renaissance,* Berkeley, Los Angeles 1994.

England

Amico, Jack d': *Petrarch in England* (Texte), Ravenna, Longo 1979.

Carnicelli, D. D. (Hrsg.): *Lord Morley's ›Tryumphes of Fraunces Petrarcke‹,* Cambridge, Mass. 1971.

Cecchini, A.: *Serafino Aquilano e la lirica inglese del ›500,* Aquila 1935.

Cecioni, Cesare G.: *Thomas Watson e la tradizione petrarchista,* Mailand 1969.

Goldstein, M.: » E. B. Browning's ›Sonnets from the Portuguese‹ in the Light of the Petrarchan Tradition«, Diss. Madison 1958.

Guss, Donald L.: *John Donne, Petrarchist. Italianate Conceits and Love Theory in the ›Songs and Sonets‹*, Detroit 1966.

Hasselkuss, Hermann K.: *Der Petrarkismus in der Sprache der engl. Sonettdichter der Renaissance*, Münster 1927.

D. Kalstone: »Sir Ph. Sidney. The Petrarchan Vision«, in: *Elizabethan Poetry. Modern Essays in Criticism*, hrsg. P. J. Alpers, Oxford 1967, S. 187-209.

Koppenfels, Werner von: »Das petrarkistische Element in der Dichtung von John Donne«, Diss. Dresden, München 1967.

Mortimer, Anthony (Hrsg.): *Petrarch's Canzoniere in the English Renaissance*, Bergamo 1975.

Mouret, F. J.-L.: *Les Traducteurs anglais de Pétrarque, 1754-1798*, Paris 1976.

Pearson, Lu Emily: *Elizabethan Love Conventions,* Berkeley 1933, Reprint London 1967.

Petrie, Jennifer: *The Augustan Poets, the Italian Tradition and the ›Canzoniere‹*, Dublin 1983.

Pivato, Joseph: »Wyatt, Tudor Translator of Petrarca: Italian Plain Style«, *Canadian Review of Comparative Literature* 8 (1981) S. 239-255.

Reiman, D. H.: *Shelley's ›The Triumph of Life‹. A Critical Study*, Urbana, Ill. 1965.

Ruggieri, P. G.: »The Italian Influence on Chaucer«, in: *Companion to Chaucer Studies*, hrsg. B. Rowland, Toronto 1968, S. 139-161.

Scott, J. E.: *Les Sonnets élizabétains*, Paris 1929.

Taylor, Jerome: »Fraunceys Petrak and the Logyk of Chaucer's Clerk«, in A. Scaglione, Hrsg.: *Petrarch* 1975, S. 364-383.

Watson, George: *The English Petrarchans: A Critical Bibliography of the Canzoniere*, London 1967.

Deutschland

Bianchi, Danilo: *Die unmögliche Synthese. Heines Frühwerk im Spannungsfeld von petrarkistischer Tradition und frühromantischer Dichtungstheorie*, Frankfurt a. M. 1983.

Farinelli, Arturo: *Petrarca und Deutschland in der dämmernden Renaissance*, Köln 1933.

Hess, Ursula: *Heinrich Steinhöwels Griseldis. Studien zur Text- und Überlieferungsgeschichte einer frühhumanistischen Prosanovelle*, München 1975.

Hoffmeister, Gerhart: »Italienische Vorlagen und petrarkistische Topoi. Zur Stiltradition von Assmann von Abschatz«, *Studia Neophilologica* 42 (1970) S. 435-450.

–: »Wandlungen und Möglichkeiten der Liebessprache in der Lyrik des 17. Jahrhunderts«, in: G. H., Hrsg.: *Europäische Tradition und dt. Literaturbarock*, Bern 1972, S. 37-54.

–: »Antipetrarkismus im Schäferroman des 17. Jahrhunderts«, *Daphnis* 1 (1972) S. 128-141.

—. »The Snow-White Mistress: A Petrarchist Topos in German Baroque Lyrics«, in: A. Scaglione (Hrsg.): *Petrarch*, 1975, S. 438-447.

—: »»Orient und Okzident«: Einige Beobachtungen zum petrarkistischen Einschlag in Goethes Spätlyrik«, *Carleton Germanic Papers* 5 (1977) S. 45-54.

—: »Paul Fleming«, in: *Deutsche Dichter Band 2: Reformation, Renaissance und Barock*, hrsg. G. E. Grimm und F. R. Max, Stuttgart 1988, S. 212-224.

Kanduth, Erika: »Der Petrarkismus in der Lyrik des dt. Frühbarock«, Diss. Wien 1953.

Kennedy, Kevin G.: *Der junge Goethe in der Tradition des Petrarkismus*, New York, Bern 1995.

Kleinschmidt, Erich: »»Petrarca teutsch«. Daniel Federmanns erste Übersetzung der *Trionfi* aus dem Jahre 1578", *Daphnis* 11 (1982) S. 743-76.

Livescu, J.: *Deutscher Petrarkismus im 18. Jahrhundert*, Iasi 1943.

Mücke, Hans-Dieter: »Oswald von Wolkenstein – ein Frühpetrarkist?«, in: O. von Wolkenstein (=Tagung Brixen 1973), hrsg. Egon Kühebacher, Innsbruck 1974, S. 121-166.

Pacini, Lidia: *Petrarca in der dt. Dichtungslehre vom Barock bis zur Romantik*, Köln 1936.

Pyritz, Hans: *Paul Flemings Liebeslyrik. Zur Geschichte des Petrarkismus*, Göttingen 1931, 2. Auflage 1963.

Rotermund, Erwin: *Christian Hofmann von Hofmannswaldau* (SM 29), Stuttgart 1963.

Weydt, Günther: »Nachahmung und Schöpfung bei Opitz. Die frühen Sonette und das Werk der Veronica Gambara«, *Euphorion* 50 (1956) S. 1-26.

Windfuhr, Manfred: »Heine und der Petrarkismus. Zur Konzeption seiner Liebeslyrik«, *Dt. Schiller-Gesellschaft* 10 (1966) S. 266-285.

—: *Die barocke Bildlichkeit und ihre Kritiker. Stilhaltungen in der dt. Literatur des 17. und 18. Jahrhunderts*, Stuttgart 1966.

Slawische Literatur

Cale, Frano (Hrsg.): *Petrarka i petrarkizam u slavenskim zemljana* (Atti del convegno internazionale Dubrovnik 1974), Zagreb 1978.

Contieri, Nice: *Petrarca in Polonia e altri studi*, Rom 1966.

Petrarca in Musik und Malerei

Caanitz, M.: *Petrarca in der Geschichte der Musik*, Diss. Freiburg 1969.

Culcassi, Carlo: *Il Petrarca e la musica*, Florenz 1911.

Dürr, W.:«Die italienische Canzonette und das dt. Lied im Ausgang des 16. Jahrhunderts«, in: *Festschrift L. Bianchi*, Bologna 1960, S. 71-102.

Müller-Bochat, Ernst: *Der allegorische Triumphzug. Ein Motiv Petrarcas bei Lope de Vega und Rubens*, Krefeld 1957.

Newsom, Jon: *Francesco Petrarca: Musical Settings of his Works from Jacopo da Bologna to the Present – A Checklist*, Washington D. C., 1974.

Schulz-Buschhaus, Ulrich: »Das Trecentomadrigal,« in: S-B: *Das Madrigal. Zur Stilgeschichte der italienischen Lyrik zwischen Renaissance und Barock*, Bad Homburg v. d. H., Berlin, Zürich, 1969.

Seznec, Jean: »Petrarch and Renaissance Art«, in: A. S. Bernardo, Hrsg.: *F. Petrarca, Citizen of the World* 1980, S. 133-150.

Stevens, Denis: »Petrarch in Renaissance Music«, in: ibid., S. 151-178.

Petrarca und Petrarkismus in Romantik und Nach-Romantik

Fechner, Jörg-Ulrich: »Petrarchism – Antipetrarchism 1774. Some Remarks on L. C. Hölty's ›Petrarchische Bettlerode‹«, *Lessing-Yearbook* 6 (1974) S. 162-178.

–: »Die alten Leiden des jungen Werthers. Goethes Roman aus petrarkistischer Sicht«, *Arcadia* 17 (1982) S. 1-15.

Forsyth, Elliot: »Baudelaire and the Petrarchan Tradition«, *Australian Journal of French Studies* 16 (1979) S. 187-197.

Goldstein, Melvin: »E. Barrett-Brownings Sonnets from the Portuguese in the Light of Petrarca«, Diss. Madison 1958.

Greene, Roland: *Post-Petrarchism: Origins and Innovations of the Western Lyric Sequence*, Princeton 1991.

Mielke, Andreas: »Südliches im West-östlichen Divan Goethes«, in: *Il paese altro*, hrsg. Maria E. d'Agostini, Neapel 1983, S. 63-81.

Register

Angaben zum Autor

Gerhart Hoffmeister, geb. 1936; 1970 Promotion, Dozent für Germanistik u.a. an der University of Wisconsin (Milwaukee); seit 1979 Professor für Germanistik und (seit 1991) für Komparatistik an der University of California (Santa Barbara); zahlreiche Veröffentlichungen zur deutschen und europäischen Barockliteratur und Romantik.

Sammlung Metzler

Printed in the United States
By Bookmasters